유아문학교육

오연주 · 최정화

창지사

머리말

유아가 그림책을 읽는 것은 다양한 장소에서 이루어질 수 있는 자연스러운 경험이다. 처음 엄마의 무릎에서 읽던 그림책의 감동과 느낌은 유아교육기관에서 교사와 함께 읽는 경험으로 연결되고, 도서관에서 자신이 흥미 있어 하는 그림책을 선택하고 읽는 과정으로까지 이어진다. 유아가 처음 접한 그림책과 그 그림책을 읽는 과정은 경험에 따라 즐거울 수도 있고 지루하고 재미없는 것이 될 수도 있다. 그림책을 읽는 가장 중요한 목적은 즐거움이다. 유아는 재미를 느껴 그림책을 반복해서 읽고 그 가운데 자신의 욕구를 해소하거나 반영하면서 즐거움을 느끼게 된다.

유아 발달에 있어 그림책이 중요하다는 점이 강조되면서 그림책 출간도 다양해지고 풍부해졌다. 그러나 풍부한 만큼 어떤 책이 좋은 책인지 아닌지에 대한 판단과 선별도 요구된다. 유아에게 최초로 그림책을 읽어 주는 사람이 성인이므로 어떠한 그림책이 좋은 그림책인지 선별할 수 있어야 하기 때문이다. 유아에게 그림책을 읽어 주는 교사에게는 특히 이러한 안목이 중요하다.

좋은 그림책은 유아의 발달에 적합하면서도 상상력과 창의성을 키워 줄 수 있는 책이다. 또한 유아가 흥미를 느끼고 정서를 순화하면서 자신에게 적용할 수 있어야 한다. 유아는 그림책에 나오는 단어, 그림, 등장인물을 좋아한다. 그림책에 등장하는 강아지똥, 황새, 도형 등과 같은 수많은 등장인물에 자신을 이입하고 투영함으로써 간접적인 경험을 한다. 나아가 등장인물과의 경험 공유에서 끝나지 않고 자신의 생활 속 경험에 비추어서 그림책에 의미를 부여하고 해석하며 자기표현의 방법으로 새로운 서사를 만든다.

유아에게 이러한 경험을 제공하기 위해서는 교사가 그림책에 대해 잘 이해해야 한다. 먼저 교사가 그림책에 대한 즐거움과 열정을 가져야 한다. 교사는 유아가 어떤 글과 그림에 흥미를 느끼는지, 어떠한 주제에 관심을 가지는지, 이야기의 맥락을 어떻게 해석하는지에 관한 이해를 통해 유아의 문학적 소양을 길러 줄 수 있다.

유아문학교육은 좋은 그림책을 함께 읽으면서 그림책에 대한 감상과 이해, 그림책 경험을 통한 상호작용 가운데 문학 작품에 대한 아름다움과 가치를 인식하는 것이다. 이러한 경험은 유아에게 책 읽는 좋은 습관을 형성하고 문학의 목적인 즐거움을 알게 한다.

본서는 크게 이론과 실제로 나누어서 구성하였다. 제1부 '유아문학교육의 이론'에서는 유아문학의 이해를 돕기 위한 유아문학 개념과 특성, 유아문학 역사의 흐름과 시기별 특징, 유아문학의 장르, 영유아 발달 특성과 그림책, 그림책의 이해로 구성하였다. 제2부 '유아문학의 교육현장 적용'에서는 유아문학교육의 효과적인 교수 방법으로 그림책 읽기를 통한 유아문학의 경험, 그림책의 이미지와 내용을 전달하는 다양한 유아문학 매체로 구성하였다. 또한 교사들의 현장 교육을 돕기 위해 동시, 그림책, 동극 지도와 같은 유아문학 활동과 교육과정에 따른 프로그램 구성과 영역별 실제 활동 사례를 소개하였다. 마지막으로 제3부 '놀이중심 유아문학교육의 실제'에서는 영아와 유아로 나누어 놀이중심 교육과정에 따라 '그림책 활동'이 '그림책 놀이'로 확장되어 가는 과정을 소개하였다.

저자는 그림책에서 주로 글과 그림의 관계에만 관심을 가졌으나 2010년, 마리아 니콜라예바의『그림책을 보는 눈』의 8장 주변 텍스트 부분을 맡아 번역하면서 그림책의 제목, 표지, 면지, 표제지에 대한 중요성을 인식하게 되었다. 그 후 서사 요소로 표현된 표지, 면지, 표제지 등 그림책 구성에 대한 이해를 바탕으로 한 활동이 잘 이루어져 유아의 그림책에 대한 흥미가 높아진 경험은 큰 기쁨이었다. 유아의 주도성이 강조되는 유아 중심의 문학 활동이 되기 위해서는 교사의 상호작용이 중요하다. 교사는 유아가 스스로 선택한 그림책을 공감적으로 이해함으로써 그림책 읽기가 유아의 자발적이고 즐거운 놀이 활동이 되게 할 수 있다.

『유아문학교육』을 위한 좋은 주제별 그림책을 선정하고 자세한 설명을 집필해 주신 그림책 전문가 심향분(전 국제아동청소년도서협의회 한국지부 KBBY 회장) 교수님께 깊은 감사를 드린다. 심향분 교수님께서 교사와 예비교사에게 좋은 그림책을 볼 수 있는 안목과 창의적으로 교육할 수 있는 아이디어를 제시하였다. 교사와 예비 유아교사가 유아의 눈높이에 맞추어 소통하여 유아문학교육을 운영하기에 본서가 도움이 되기를 바란다.

본서가 출간되기까지 그림책에 담긴 즐거움을 유아들과의 소통과 놀이로 연결하기 위해 힘써 주신 교육현장의 선생님들께 감사의 마음을 전한다. 좋은 편집과 완성된 출판을 위해 항상 애써 주시는 창지사의 모든 분께 감사드린다.

2024년 5월

저자 일동

차 례

■ 머리말 / 3

••• 제1부 유아문학교육의 이론 •••

제 1 장 유아문학의 이해 17

1. 유아문학의 개념 18
   1) 문학의 개념 / 18
   2) 유아문학의 개념 / 19
2. 유아문학의 가치와 중요성 21
   1) 유아문학의 가치 / 21
   2) 유아문학의 중요성 / 23

제 2 장 유아문학의 역사 27

1. 한국 아동문학의 역사 28
   1) 아동문화 운동시대(1908~1945) / 28
   2) 아동문학 운동시대(1945~1988) / 30
   3) 현대 아동문학시대(1988~현재) / 32
2. 외국 아동문학의 역사 34
   1) 19세기 이전 / 34
   2) 19세기 / 36
   3) 20세기 / 38
3. 아동문학상 42
   1) 대한민국 / 42
   2) 외국 / 46

제 3 장 유아문학의 장르 53

1. 옛이야기 그림책 56

1) 민담 / 56
2) 우화 / 57
3) 신화 / 58
4) 옛이야기 그림책 패러디 / 59

2. 동요·동시 그림책 61

1) 전래동요·동시 / 61
2) 창작동요·동시 / 64

3. 환상 그림책 66

1) 환상 그림책의 특징 / 66
2) 환상 그림책의 유형 / 67

4. 사실 그림책 70

1) 사실 그림책의 특징 / 70
2) 사실 그림책의 유형 / 70

5. 정보 그림책 75

1) 정보 그림책의 특징 / 75
2) 정보 그림책의 유형 / 76

6. 글 없는 그림책 78

1) 글 없는 그림책의 특징 / 78
2) 글 없는 그림책의 유형 / 78

7. 주제별 그림책 80

1) 나 / 80
2) 가족 / 82
3) 친구와의 우정 / 84
4) 동식물 / 86
5) 자연 계절 / 88
6) 교통기관 / 90
7) 인성 / 93
8) 다문화 / 95

제 4 장 영유아 발달 특성과 그림책 99

1. 영유아 발달과 그림책 100

1) 그림책과 신체 발달 / 101
2) 그림책과 언어 발달 / 102
3) 그림책과 사회성 발달 / 104
4) 그림책과 정서 발달 / 106
5) 그림책과 인지 발달 / 107

2. 연령별 발달 특성과 그림책 109

1) 신체 발달 특성과 그림책 / 109
2) 언어 발달 특성과 그림책 / 111
3) 사회성 발달 특성과 그림책 / 114
4) 정서 발달 특성과 그림책 / 117
5) 인지 발달 특성과 그림책 / 120

제 5 장 그림책의 이해 125

1. 그림책의 정의 및 중요성 126

1) 그림책의 정의 / 126
2) 그림책의 중요성 / 127

2. 그림책의 구성 128

1) 문학적 요소 / 128
2) 예술적 요소 / 134
3) 그림책을 구성하는 주변 텍스트 / 139

••• 제2부 유아문학의 교육현장 적용 •••

제 6 장 유아문학 경험 151

1. 그림책 읽기 전 단계 152

1) 그림책 읽기 전 준비 / 152
2) 그림책 읽기 전 활동 / 154

2. 그림책을 읽어 주는 단계 155
1) 책을 읽어 주는 사람의 위치 / 155
2) 책을 읽어 주는 태도 / 155
3) 영유아의 반응 / 156
4) 함께 읽기 / 156
3. 그림책 읽기 후 단계 157
1) 다시 말하기와 이야기 꾸미기 / 158
2) 이야기 구조 알기와 순서대로 구성하기 / 159
3) 동시 짓기와 동화 재구성하기 / 160
4) 동극과 동작 활동 / 160
5) 토론하기 / 161
6) 게임하기 / 162
7) 저널 쓰기와 편지 쓰기 / 162
8) 인물평과 등장인물 이름 짓기 / 163
9) 인상 깊은 장면 그리기 / 164
제 7 장 유아문학 매체 167
1. 낱장 동화 168
1) 특징 / 168
2) 제작 방법 / 168
3) 활동 방법 / 169
2. 앞치마 동화 170
1) 특징 / 170
2) 제작 방법 / 170
3) 활동 방법 / 170
3. 융판 동화 172
1) 특징 / 172
2) 제작 방법 / 172
3) 활동 방법 / 172
4. 자석 동화 174
1) 특징 / 174
2) 제작 방법 / 174
3) 활동 방법 / 174

5. 그림자 동화 176
1) 특징 / 176
2) 제작 방법 / 176
3) 활동 방법 / 176

6. 막대 동화 177
1) 특징 / 177
2) 제작 방법 / 177
3) 활동 방법 / 178

7. 손 인형 동화 179
1) 특징 / 179
2) 제작 방법 / 179
3) 활동 방법 / 179

8. 손가락 인형 동화 180
1) 특징 / 180
2) 제작 방법 / 180
3) 활동 방법 / 180

9. 테이블 동화 181
1) 특징 / 181
2) 제작 방법 / 181
3) 활동 방법 / 182

10. 디오라마 동화 183
1) 특징 / 183
2) 제작 방법 / 183
3) 활동 방법 / 183

11. 파일 동화 186
1) 특징 / 186
2) 제작 방법 / 186
3) 활동 방법 / 186

12. 미디어를 활용한 동화 187
1) PPT 동화 / 187
2) 스톱 모션 애니메이션 / 188
3) 전자 동화책 및 온라인 게임 / 189

제 8 장 유아문학 활동 197

1. 그림책 198
1) 그림책 배경과 관련된 활동 / 198
2) 등장인물과 관련된 활동 / 198
3) 이야기 사건과 관련된 활동 / 200
4) 이야기 결말과 관련된 활동 / 202
5) 이야기 주제와 관련된 활동 / 202
6) 이야기 작가와 관련된 활동 / 204
7) 이야기 화가와 관련된 활동 / 204

2. 동시 205
1) 유아에게 적합한 동시 선정 / 205
2) 동시 지도 / 205
3) 동시 개작하기 / 207

3. 전통문학(전래동요와 동화) 210
1) 전래동요 / 210
2) 전래동화 / 211

4. 동극 지도 214
1) 동극의 특징 및 범주 / 214
2) 동극의 교육적 효과와 구성요소 / 215

제 9 장 유아문학과 교육과정 221

1. 유아문학교육의 내용 222
1) 문학감상 및 이해 / 222
2) 문학경험 및 태도 / 225
3) 문학창작 / 227
4) 문학비평 / 229

2. 유아문학과 교육과정 활동 231
1) 유아문학과 언어활동 / 231
2) 유아문학과 신체활동 / 232
3) 유아문학과 사회활동 / 234
4) 유아문학과 과학활동 / 235
5) 유아문학과 음률활동 / 236
6) 유아문학과 미술활동 / 237

3. 유아 그림책 경험을 위한 환경구성 239
1) 교실 언어 영역 내 그림책 환경 / 239
2) 교실 내 여러 영역의 그림책 환경 / 241

••• 제3부 놀이중심 유아문학교육의 실제 •••

제 10 장 놀이중심 유아문학 활동 실제 247

1. 영아 그림책 놀이 활동 목록 248
1) 나는 미끄럼틀이 좋아 / 248
2) 이불에 폭! / 250
3) 풍선이 좋아 / 252
4) 쿵쾅쿵쾅 코끼리다! / 254
5) 난 자동차가 참 좋아 / 256
6) 부르릉 자동차가 달려요 / 258
7) 구석구석 사랑해 / 260
8) 다람쥐는 모를 거야 / 262
9) 겨울이 좋아! 토끼 베이커리 / 264

2. 유아 그림책 놀이 활동 목록 266
1) 입이 똥꼬에게 / 266
2) 으라차차 라면 가게 / 269
3) 나만의 박물관 / 272
4) 아주아주 배고픈 애벌레 / 274
5) 아파, 아파! 아기 동물 병원 / 276
6) 동물원 / 278
7) 솔이의 추석 이야기 / 280
8) 세상에서 가장 행복한 100층 버스 / 282
9) 송아지의 봄 / 284
10) 매미 씨, 드디어 오늘 밤입니다 / 286
11) 오늘은 수영장일까? / 288
12) 모모모모모 / 290
13) 도토리 팬티 / 292
14) 하늘하늘 사락사락 / 294

15) 겨울이 왔어요 / 296
16) 산타 할아버지 / 298
17) 그림자 하나 / 300
18) 마녀 위니와 우주 토끼 / 302

■ 참고문헌 / 304
■ 저자소개 / 307

제 1 부

유아문학교육의 이론

제1장 유아문학의 이해
제2장 유아문학의 역사
제3장 유아문학의 장르
제4장 영유아 발달 특성과 그림책
제5장 그림책의 이해

제1장

유아문학의 이해

학습목표

1. 유아문학의 개념과 특성을 이해할 수 있다.
2. 유아문학의 교육적 가치와 의미를 알고 설명할 수 있다.
3. 유아문학의 중요성을 알 수 있다.

『여름이 온다』 中
이수지 글 · 그림. 비룡소. 2021

1. 유아문학의 개념

1) 문학의 개념

문학이란 언어와 문자를 통해 인간의 감정과 사상을 진지하게 표현하는 예술적 가치가 높은 작품이라고 정의할 수 있다. 문학은 넓은 의미로는 인간의 사상과 정서를 언어로 표현하는 것으로, 철학이나 종교도 여기에 포함될 수 있다. 문학의 좁은 의미로는 인간의 사상과 감정을 작가가 예술성 있는 시나 소설, 희곡과 같은 작품으로 표현하는 것을 뜻한다. 일반적으로 문학은 좁은 의미로서의 문학을 의미한다. 이와 같은 문학의 일반적인 특징은 다음과 같다.

첫째, 문학은 인간의 사상, 감정, 정서를 언어로 표현한 것이다. 문학은 인간이 느끼는 사랑, 미움, 질투, 시기와 같은 정서와 슬픔, 두려움의 감정, 여러 가지 사상 등을 생각으로 그치지 않고 언어로 표현한 것이다. 문학적 경험을 통해 인간 삶의 과거와 미래, 행복과 슬픔, 아름다움을 표현하게 된다.

둘째, 문학은 작가의 상상력을 통해 만들어진 형상과 이미지 창조이다. 작가는 독창적인 상상력을 통해 현실에 입각한 많은 형상과 이미지를 창조한다. 실제적 세계를 기반으로 한 작가의 상상력은 허구성을 동원해 새로운 형상과 이미지를 만들고 독자를 공감하게 한다.

셋째, 문학은 언어로 표현한 예술작품이다. 인간의 사상과 감정을 예술적으로 아름답게 표현한 말이나 글을 문학이라고 보는 관점이다. 즉, 인간의 사상과 감정을 언어로 연결하여 이를 구성하고 예술로 승화시켜 표현한 것이 문학인 것이다.

문학의 개념은 인간이란 무엇이며, 어떻게 살아야 할 것인가와 같은 삶에 관한 깨달음과 지식을 전달하는 사회학, 철학, 역사 등과 같은 학문을 포함하고 있다. 그러나 문학은 단순히 지식을 전달하는 것이 아닌 인간의 희로애락을 아름다운 문장으로 표현하는 것으로 예술성이 포함된다. 문학은 인간의 삶과 사상, 감정을 작가가 언어로 표현함으로써 삶을 이해하며 즐기고 풍요롭게 하는 예술이다. 따라서 문학이란 언어와 문자를 통해 인간 삶의 문제를 탐구하게 하며 감동, 지식, 여운을 느끼게 하는 말과 글과 그림을 모두 포함하는 기록이며 예술이다.

2) 유아문학의 개념

유아문학이란 0~8세의 연령을 대상으로 문학적 가치를 통해 건전한 한 사람으로 성장하는 것을 목적으로 유아의 발달단계에 맞게 작가가 재창조한 문학을 말한다.

유아문학은 원래부터 일반문학과 분리된 고유한 영역은 아니었다. 일반 성인을 위한 문학 중에서 유아가 읽기에 적당한 것을 취해 이야기와 노래로 즐기던 것이었다. 이러한 유아문학은 유아를 하나의 인격체로 보는 아동관이 발달하면서 자리 잡기 시작하였다. 즉 18세기에 후반 루소의 『에밀』이 출판되면서 근대적 아동관이 성립되었다. 진정한 의미에서의 아동문학은 19세기 초 성인이 어린이를 대상으로 한 아동문학 작품을 창작하면서 시작되었다고 할 수 있다(김세희, 2004).

우리나라는 소파 방정환의 『어린이』라는 잡지가 출간되면서 시작되었으나 일제강점기 시기의 특수한 역사적 상황에서 우리 글과 말이 제한되어 진정한 의미의 아동문학으로는 한계를 지니게 되었다. 진정한 의미에서의 아동문학은 1945년 광복 이후 '유아교육'이라는 개념이 일반화되면서 유아문학도 발달하게 되었다.

유아문학은 성장하는 유아를 대상으로 하기에 때문에 선한 의도를 가지며 꿈과 동경을 지키고 그들의 인격 형성에 도움이 되는 교육성을 전재해야 한다. 즉 유아에게 인간 본성에 대한 선한 시선을 갖도록 하면서도 상상과 미학적 경험을 제공해야 한다(Glazer, 1997).

유아는 재미있는 문학 작품을 읽으면서 즐거움을 느끼고 이러한 경험은 문학에 대한 유아의 흥미와 동기를 유발한다. 또한 앞으로 살아가는 데 필요한 삶의 방향과 지혜를 깨닫게 한다. 따라서 유아를 위한 문학은 지식이나 기술 같은 능력을 가르치려고 하기보다는 유아가 작품을 즐겨 보는 것과 문학에 대한 기본적 태도를 형성하는 것이 우선되어야 한다. 어린 시절에 형성된 문학에 대한 취향과 기본적 태도는 성인이 되어서도 지속적인 영향을 주기 때문이다.

유아문학 작품은 유아가 읽고 즐길 수 있는 내용과 형식으로 표현된 고도의 문학적·미적 예술성을 갖춘 책이어야 한다(Sutherland, 1997). 유아는 책을 읽으면서 작품 속에 등장하는 인물의 다양한 삶을 간접적으로 경험하며 다른 사람의 문제나 어려움을 이해한다. 이러한 경험은 유아가 등장인물의 갈등이나 상황을 공감하며 자신에게 적용해 위로나 욕구의 충족을 하게 한다(황은순 외, 2015). 즉 유아의 문학적 경험은 즐거움과 재미를 느끼게 하면서 올바른 방향성 제시와 유아의 갈등을 해소하게 만든다.

유아는 문학 작품을 통해 감동과 즐거움을 기반으로 바람직한 영향을 받으며, 이러한 영향은 교육적 효과를 가진다. 이러한 교육적 효과가 실현되기 위해서는 유아가 적극적으로 문학에 관심을 가지고 읽을 수 있도록 해야 한다. 만일 유아가 흥미를 느끼지 못한다면 문학 자체의 접근이 어려울 수 있다. 그러므로 유아문학은 유아가 흥미를 느끼는 생활 소재나 주제를 다루어야 하며, 유아가 이해할 수 있는 언어로 표현되어야 한다. 또한 유아가 이해할 수 있는 내용과 형식으로 단순 명쾌하게 구성되어야 한다.

유아문학은 단순히 읽어 주거나 보여 주는 책이 아니라 작품을 통해 유아에게 사회, 역사, 예술, 문화를 전달하는 매체의 역할을 한다. 또한 상상 속에서 미래의 꿈을 갖게 하는 교육적 가치를 지니고 있다. 따라서 유아가 문학 작품의 내용과 구성을 통해 삶의 태도나 가치를 감상하고 이해하며 자신의 삶에 반영하고 적용할 수 있도록 해야 한다.

유아문학은 다양한 체험이 없는 유아가 간접 체험을 할 수 있게 도와주고, 유아의 상상력을 더해 주고 풍부하게 해 준다. 그러므로 유아의 문학적 사고와 소양을 계발하기 위해서는 유아가 다양한 문학 작품을 접할 수 있도록 해야 한다.

2. 유아문학의 가치와 중요성

1) 유아문학의 가치

유아문학은 즐거움과 슬픔, 현실 세계에 대한 경험과 이해를 나누게 하며, 그림책을 통해 자신의 세계를 확장할 수 있고 언어 능력, 상상력, 창의력, 심미적 감상력 증진 등의 전인 발달을 도모할 수 있는 효과적인 교육적 경험이다.

유아는 문학 작품에 대한 강한 내적 흥미를 느끼면 끊임없이 읽어 달라고 요구하는데, 이는 문학 작품 속에 담겨 있는 글과 그림이 유아의 정서와 상상력을 호소하는 큰 즐거움을 주기 때문이다(현은자, 2004). 유아문학은 유아에게 여러 가지 지식을 전달해 주거나 이야기를 들려주는 것에 효과적이다. 좋은 그림책의 경험은 유아에게 즐거움과 슬픔, 현실 세계에 대한 경험과 이해를 통해 자신의 세계를 확장하게 한다.

유아를 대상으로 하는 유아문학의 가치는 다음과 같다.

① 책을 읽는 것에 즐거움을 느끼게 한다.

유아는 문학 작품을 읽으면서 즐거움과 재미를 느끼게 된다. 유아의 이러한 즐거움은 성인이 되어서도 문학을 즐기고 사랑하게 만드는 태도를 형성하게 한다. 문학을 통한 지식이나 언어 발달은 부수적이며, 즐기기 위해서 읽는 것에 가치를 두어야 한다. 유아가 책을 통해 얻은 즐거움은 평생동안 문학에 대한 취향과 태도를 형성하는 것에 영향을 미친다.

② 유아의 상상력과 공상력을 풍부하게 한다.

문학 작품의 환상적인 이야기는 유아의 잠재된 상상력과 공상력을 확장시킨다. 현실에서 볼 수 없는 환상적인 세계는 유아의 상상력을 풍부하게 하며 상상력이 부족한 유아에게도 큰 도움을 줄 수 있다. 유아는 문학 작품의 환상적인 이야기를 들으며 공상을 하고 상상력을 발휘하여 새로운 시선으로 창작하는 창의성이 발달하게 된다.

③ 언어 발달과 문해 능력을 증진하게 한다.

유아는 문학 작품을 접하면서 자연스럽게 어휘의 확장, 글의 의미, 이야기의 맥락에 대한 이해를 익히게 된다. 즉 책을 읽으면서 말하기, 읽기, 쓰기의 자연스러운 발달을 이룰 수 있다. 영아기에 자주 책을 접한 유아는 그렇지 않은 유아보다 읽기 및 쓰기를 일찍 습득한다(Hiebert, 1981; Mason, 1980).

④ 간접 경험을 통한 다른 세계나 타인에 대한 이해를 돕는다.

문학 작품의 이야기를 통한 간접 경험은 유아의 경험에 대한 세계를 확장하는 것에 도움을 준다. 유아는 현실에서는 경험하지 못한 세계를 문학 작품을 통해 이해할 수 있게 된다. 유아의 경험 세계는 성인에 비해서 부족한데 이야기 속에 등장하는 인물의 다양한 생활환경과 문화를 간접적으로 경험하면서 다른 세계나 타인에 관한 이해를 키우게 된다. 즉 다른 나라의 문화를 이해하거나 자신이 경험하지 못한 농어촌의 생활 경험이나 지리적인 조건, 기후 등을 이해할 수 있다.

⑤ 심미적 감상력을 키울 수 있게 한다.

유아는 책 속의 아름다운 언어의 표현, 글의 양식, 그림의 색과 모양, 구도 등을 접하면서 아름다움을 이해하고 심미감을 기르게 된다. 문학의 아름다움을 느끼고 감상하고 즐기는 것은 단시간에 이루어지는 것이 아니며 어렸을 때부터 꾸준히 접했을 때 자연스럽게 형성된다(곽아정 외, 2023).

문학 작품의 훌륭한 그림은 다양한 매체와 기법을 화가가 심혈을 기울여 표현한 결과이다. 이러한 예술성 있는 훌륭한 그림은 유아의 예술적 감각을 키워준다. 유아는 문학 작품의 다양한 매체와 기법을 사용한 그림을 보면서 심미적 감상력을 기를 수 있다.

⑥ 유아의 다양한 욕구를 충족시켜 준다.

유아는 발달 특성상 기본적인 다양한 욕구를 느끼는데, 문학 작품은 그러한 욕구를 충족하는 것에 도움을 줄 수 있다. 유아의 기본적인 요구로는 '지적 욕구', '사랑받고자 하는 욕구', '자아 성취의 욕구', '자아 존중의 욕구', '소속의 욕구', '스트레스를 이기고자 하는 욕구' 등이 있다(김세희, 2004). 문학 작품은 이러한 자신의 욕구를 유아 자신이 잘 알 수 있도록 도와주고 등장인물의 이야기를 통해 해소함으로써 자신의 욕구를 충족할 수 있다.

⑦ 유아의 자신감과 문제 해결력의 경험을 확장시킨다.

유아는 문학 작품을 통해 여러 인생의 문제를 경험하게 된다. 등장인물이 만나는 사건이나 인물을 경험하면서 자신의 감정이나 삶에 관련지어 현실 생활에 대한 새로운 태도를 기를 수 있다. 문학 작품을 통한 대리경험은 유아가 자신의 경험과 감정을 재확인하면서 일상생활에 필요한 문제 해결 전략을 배우고, 장애물을 극복해 나가는 기회를 만들어 준다. 또한 등장인물이 갈등을 해결해 나가는 것을 보며 자신만의 문제가 아니라는 것을 인식하면서 용기와 자신감을 얻을 수 있다. 이러한 자신감과 문제 해결력 경험의 확장은 유아가 밝고 긍정적인 삶의 태도를 함양할 수 있도록 돕는다.

⑧ 유아의 도덕성을 발달시킨다.

유아는 문학 작품 이야기 속에서 등장인물의 선택과 이에 따른 결과를 보게 된다. 문학 작품의 주제에는 가족애, 우정, 효도, 인간 존중의 가치 등이 있는데 유아는 문학의 내용을 반복해 경험하면서 옳고 그름의 기준과 개념을 형성하게 된다. 예를 들어 전래동화의 권선징악은 주인공의 선택에 따른 결과를 보여줌으로써 유아에게 선택에 따른 결과의 초래를 깨닫게 한다. 유아는 문학을 통해 인간관계, 선과 악, 보편적인 윤리의식을 경험하면서 도덕성이 발달한다.

2) 유아문학의 중요성

유아문학의 원천은 즐거움이며 유아문학교육이 중요한 이유는 유아기에 접한 문학 작품이 주는 즐거움과 재미가 평생의 문학적 소양과 태도에 영향을 주기 때문이다. 즉 유아가 문학 작품을 읽으면서 경험한 즐거움과 재미는 독서에 대한 취향과 태도를 결정하게 하며, 정서적인 안정감과 자신감을 가질 수 있게 한다. 따라서 유아가 다양한 문학 작품을 접할 수 있게 하고 문학 작품의 내용과 등장인물의 가치나 태도에 대해 감상하고 이해하는 것이 필요하다.

유아문학의 목적은 유아의 전인적인 성장과 발달을 도우며 유아의 문학적 사고와 소양을 계발하고 증진하는 것이다. 유아는 문학 작품을 읽음으로써 문학 내용의 다양한 인간의 삶을 경험하게 된다. 즉 문학 작품 속 주인공의 삶을 통해 주인공의 행동과 태도를 경험하고 작가의 삶에 대한 태도와 사상을 경험한다. 유아는 이러한 문학적 경험을 통해 다양한 삶을 경험하게 되고 전인적 인간으로 성장·발달해 나가는 것이다(심성경 외, 2021).

유아문학은 유아의 정서를 풍요롭게 하며, 예술적 감흥을 경험할 수 있게 한다. 유아는 문학 작품을 읽는 과정에서 부모나 교사와 유대감을 갖게 된다. 유아는 그림책을 읽어 주는 사람과 상호작용하면서 정서적인 안정감과 일치감을 가진다. 그림책을 읽는 과정에서 발생하는 따뜻함은 유아에게 편안함을 느끼게 하고 이를 통해 자신감을 형성할 수 있게 한다.

그림책은 글과 그림으로 표현되어 있지만 본질적으로 '언어의 세계'이며, 그림도 언어라고 할 수 있다. 유아는 문학 작품의 그림을 보지 않고 그림을 읽는다. 문학 작품의 그림은 언어를 색이나 시각적으로 표현한 것이기 때문이다(まつい ただし, 1997). 유아는 다양한 문학 작품을 경험하면서 자신의 정서나 생각을 이야기로 표현하는 것을 배우게 된다.

유아는 그림책을 읽으면서 책 읽기의 즐거움, 기쁨, 몰입을 경험할 수 있으며, 삶의 태도나 가치관을 배우게 된다. 유아에게 이러한 문학이 주는 즐거움을 경험하게 하기 위해서는 다양한 문학 작품을 접할 수 있도록 하고 문학 작품을 감상하고 이해하며 평가할 수 있는 태도를 교육해야 한다.

생·각·열·기

1. 내가 가장 좋아했던 그림책을 적어 봅시다.

2. 예전에 읽었던 그림책이 현재의 나에게 어떤 영향을 주었는지 이야기 나누어 봅시다.

3. 그림책의 주인공이 되어 봅시다.

『아무도 모를 거야 내가 누군지』
김향금 글·어혜리 그림. 보림. 1998

① 그림책의 상상 요소를 찾아봅시다.

② 그림책의 주인공 건이가 느끼는 감정과 생각을 적어 봅시다.

③ 건이는 갈등을 어떻게 해결했나요? 나라면 어떻게 했을지 이야기 나누어 봅시다.

제 2 장

유아문학의 역사

학 습 목 표

1. 한국 아동문학의 전반적인 흐름을 알고, 시기별 특징과 의의를 이해한다.
2. 서양 아동문학의 전반적인 흐름을 알고, 시기별 특징과 의의를 이해한다.
3. 아동문학상을 알고 우수한 작품을 존중한다.

『100권의 그림책』
마틴 솔즈베리 저. 서남희 역. 시공아트. 2016

1. 한국 아동문학의 역사

한국 아동문학의 역사는 광복 이전인 아동문화 운동시대와 광복 이후인 아동문학 운동시대로 구분할 수 있다. 아동문화 운동시대는 민족의식을 심어 주기 위한 사회문화운동이 중심이었다면, 아동문학 운동시대는 본격적인 문학 발전이 단계별로 이루어진 시기였다.

1) 아동문화 운동시대(1908~1945)

아동문화 운동시대의 아동문학은 유교적인 요소에서 탈피해 계몽사상과 민족의식을 고취하기 위한 문화운동이었다. 아동문화 운동시대는 태동 · 초창기(1908~1923), 발흥 · 성장기(1923~1940), 암흑 · 수난기(1940~1945) 시대로 세분할 수 있다.

(1) 태동 · 초창기(1908~1923)

최남선의 『소년』은 신문학의 기원이며, 우리나라 최초의 현대적 종합잡지의 효시였다. 그 내용에 있어서 교양물이 대부분이었으며, 국내 문학뿐만 아니라 『이솝 이야기』, 『로빈슨 무인절도 표류기』 등의 외국 문학 번안과 과학, 전기, 사조를 소개하여 민중을 계몽하려 하였다. 특히 『소년』은 우리나라 현대시의 기원인 신체시 「해에게서 소년에게」와 선구적 창작동요인 「우리 운동장」을 발표하였다(박선희 외, 2009).

최남선은 어린이 학습지였던 『붉은 저고리』가 폐간되자 『아이들 보이』를 창간하였다. 『아이들 보이』는 한글을 중심으로 동화, 동요, 우화의 장르를 나누는 순

『붉은 저고리』
1913년 1월 발행

『아이들 보이』 12호
1913년 11월 발행

수한 아동 잡지로 평가된다.

태동 · 초창기는 우리 아동문학사에 있어 아동문학의 태동이자 발아기라고 할 수 있다.

(2) 발흥 · 성장기(1923~1940)

1923년에 소파 방정환의 『어린이』라는 잡지가 출간되면서 '어린이'라는 고유의 이름도 사용되었다. 『어린이』는 동화, 동요, 동화극본이라는 아동문학의 장르를 구분하여 작품을 실어 분명한 문학의 장르를 확립하였다. 또한 1925년을 전후하여 작곡 동요의 보급으로 동요의 황금시대를 이루었다.

『어린이』의 창간 이후로 아동 문예지의 보급이 이루어지기 시작하였다. 『신소년』(1923~1934), 『새벗』, 기독교계 잡지 『아이생활』, 급진주의 잡지 『별나라』 등이 있다. 이 시기의 아동 잡지 집필자들은 아동문학가보다는 주로 사회운동가, 독립투사, 종교인이었다. 따라서 방정환의 동심주의와 민족주의 문학관에 따른 사회 현실주의, 선교적 교양주의로 문예사조가 나타나게 되었다.

발흥 · 성장기의 주요 작품은 어린이를 위한 첫 동화집인 방정환의 『사랑의 선물』(1922), 순수 창작동화의 효시인 마해송의 『바위나리와 아기별』(1923), 윤석중의 동시집 『잃어버린 댕기』(1931)가 있다(김세희, 2004).

『어린이』 창간호
1923년 3월 발행

『신소년』
1923년 12월 발행

『바위나리와 아기별』
마해송 글 · 정유정 그림. 길벗어린이. 1998

(3) 암흑 · 수난기(1940~1945)

이 시기에는 일본이 일으킨 중일전쟁으로 일본의 압박이 심해지고 우리말과 글 사용도 금지되었다. 1940년에 『조선일보』와 『동아일보』가 폐간되었고 1944년에는 『아이생활』도 폐간되었다. 공식적으로 이 시기의 아동문학은 진공 상태에 있었다.

역사적으로 볼 때 한국도 19세기 초에 아동문학이 시작되었다고 할 수는 있다. 그러나 그 당시 아동문학은 우리말과 글이 제한되었던 일제 강점하라는 특수한 역사적 상황에 있었고, 수준에서도 일본 아동문학을 벗어나지 못하였다. 따라서 진정한 의미의 아동문학으로 자리매김을 시작한 것은 1945년 광복 이후라 할 수 있다.

2) 아동문학 운동시대(1945~1988)

광복 이후 아동문학은 문학으로서 아동문학이 성장하기 위한 단계별 발전이 이루어진 시기였다. 일제강점기를 거치면서 움츠렸던 아동문학은 해방을 맞이하여 새로운 문학운동이 전개되었다.

(1) 광복 · 혼미기(1945~1950)

『아동』 7호
1948년 4월 발간

『새동무』 10호
1947년 9월 발간

1945년의 광복으로 아동문학도 혼란스러운 민족적 격동기의 영향을 받게 되었고 아동문학계는 좌파와 우파로 분열되었다. 대표적인 우익 잡지로는 『소학생』(1945~1950), 『소년』(1948~1950), 『어린이』(1948~1949), 『어린이 나라』(1949~1950), 『아동』(1946)이 있다. 좌익 잡지로는 『별나라』(1945), 『새동무』(1945), 『신소년』(1946)이 있다.

1948년 이후에는『이솝 이야기』,『걸리버 여행기』등의 외국 동화를 번역한 책도 발간하였다.

이 시기 문학의 특징은 방기환, 염상섭, 정인택, 김내성, 이종환 등에 의해 소설적 골격을 바탕으로 한 소년소설이 처음으로 등장하였다. 또한 마해송과 이원수에 의해 장편동화가 탄생하였고 생활동화가 유행하면서 문학 장르가 다양해졌다(박선희 외, 2009).

(2) 통속 · 팽창기(1950~1960)

6 · 25 전쟁으로 정치 · 사회가 혼란스러워지고 이로 인해 통속적이고 상업적인 소년소설이나 만화가 범람하면서 아동문학계도 영향을 받았다. 그러나 순수 아동문학가인 최계락, 이종택, 이종기가 등단하면서 순수 본격 동시 운동의 기초가 마련되었다.

강소천의『꽃신』

이원수의『숲 속 나라』

또한 강소천의『꽃신』(1953),『꿈을 찍는 사진관』(1954), 마해송의『떡배, 단배』(1953), 이원수의『숲 속 나라』(1953)와 같은 문학 작품은 순수 아동문화의 맥을 이어 주는 역할을 하였다.

(3) 정리 · 형성기(1960~1976)

1960년대에 들어서면서 문단의 흐름이 형성되었다. 이러한 문단의 형성 배경 요인은 다음과 같다. 신인의 등장으로 문단 풍토가 개선되었고, 동인 중심의 문학단체가 결성되었으며, 출판물에 의한 정리 작업 및 문학상의 재정과 발표 무대가 확장되었다. 이 시기에 아동문학단체가 결성되면서 '한국아동문학작가협회'와 '한국아동문학가협회'가 창설되었다. 아동문학단체의 창설은 문인들의 친목을 도모하면서도 토론이나 세미나를 통해 아동문학의 앞으로 나아갈 방향에 대한 모색과 비평을 하게 하였다. 1970년 김요섭의 『아동문학사상』 출간은 한국 아동문학의 기초 마련에 공헌하였다.

아동문학계는 '소천 아동문학상'(1965)을 시작으로 '해송 동화상'(1967), '세종 아동문학상'(1969) 등 아동문학상이 제정되면서 작가들이 대거 등단하였다. 또한 『새벗』(1952), 『새소년』(1964), 『소년세계』(1966), 『어깨동무』(1967), 『소년중앙』(1969) 등과 같은 아동 잡지가 창간되면서 작가들의 발표 무대도 넓어졌다.

(4) 전환 · 발전기(1976~1988)

1976년 평론 전문지인 이재철의 『아동문학평론』과 박종현의 『아동문예』는 신인 발굴과 함께 다양한 문학사조를 수용하였고 이를 통해 우수한 작품들이 발표되었다. 또한 1979년 새로운 단체인 '한국현대아동문학가협회'가 창립되면서 아동문학계에도 새로운 바람이 불었다. 1980년대에는 국내 아동문학가들의 창작집이 발간되기 시작하였다. 『창비 아동문고』, 『웅진 아동문고』, 『소년소녀 한국 창작동화』 등의 창작집이 있다. 이 시기의 대표적 작가로는 권정생의 『사과나무밭 달님』(1978), 김진광의 『시루뫼 마실 이야기』(1986), 정채봉의 『오세암』(1985) 등이 있다.

이 시기의 특징은 아동문학이 학문의 영역으로 자리를 잡게 된 것이다. 아동문학이라는 과목이 교육대학이나 사범대학, 전문대학의 유아교육학과나 아동학과에 개설되었다. 이는 아동문학이 학문적 체계의 정리가 이루어졌다는 것을 의미한다.

3) 현대 아동문학시대(1988~현재)

(1) 발전기(1988~2000)

지능개발이나 조기교육, 영재교육에 관한 관심이 높아지면서 유아를 대상으로 한 그림책이 양적 · 질적으로 쏟아지게 되었다. 그 결과 외국 그림책이나 아동의 사고력을 위한 학습 시리즈, 지식과 정보를 제공하는 책이 많이 출간되었다. 그림책 출판사는 외국의 상을 받은 작품을 주로 번역하였으나 번역상 많은 오류가 발생하였다. 이러한 문제는 국내 작가의 그림책 창작을 절실하게 요구하게 되었다.

1990년대에 들어오면서 신진작가들이 다양한 경로로 작품을 발표하였고, 국내 작가에 의한 창작 그림책이 출판되기 시작하였다. 한국인의 정서를 드러내는 글과 그림을 담은 류재수의 『백두산 이야기』(1988)와 정승각의 『까막나라에서 온 삽사리』(1994)는 국내 작가에 의해 만들어진 좋은 그림책의 예이다.

이 시대의 특징으로는 그림책과 관련된 연구와 단체가 등장하게 된 것이다. 그 예로 어린이의 독서지도에 관심을 가지고 책을 선정하는 기준을 연구하는 '어린이도서연구회'나 어린이 문학의 발전과 보급을 목적으로 하는 '한국어린이문학교육학회'가 있다. 그리고 1996년에 '국제어린이도서협의회(International Board on Books for Young Children:IBBY)'의 한국지부인 '한국어린이도서협의회(KBBY)'가 조직되어 아동문학의 발전을 접할 수 있으며, 국내 작가들과 작품이 국제에서도 활발한 교류를 갖게 되었다.

(2) 성장기(2000~현재)

2000년대 이후에는 현대 사회의 다원화로 인해 아동문학의 주제가 다양해졌으며, 작가의 개성이 넘치는 그림책들이 등장하게 되었다. 예를 들어 『넉 점 반』은 윤석중의 동시를 그림책 작가 이영경이 새롭게 해석하였다. 한국의 정서와 문화를 담아내면서도 글의 텍스트에 영향을 받지 않고 그림을 자유롭게 구성해 새롭게 탄생시킨 작품이다.

『넉 점 반』
윤석중 글 · 이영경 그림. 창비. 2004

아동문학의 주제가 다양해지면서 최근에는

장애, 환경, 다문화, 성역할 등에 관한 주제의 작품이 많이 등장하고 있다. 선현경의 『이모의 결혼식』에서는 서로 다른 문화에 대한 긍정적인 인식을 묘사하고 있다. 전이수의 『새로운 가족』은 장애를 가진 코끼리를 통해 입양과 장애에 대한 주제를 다루고 있다.

한국 아동문학 작품의 수준이 높아지면서 세계 무대에서도 인정받기 시작하여 국내 작가들의 국제 도서상 수상이 계속되고 있다. 예를 들어 류재수의 『노란 우산』은 2002년 뉴욕타임스 선정 최우수 그림책으로 선정되었고 백희나의 『구름빵』은 2005년 볼로냐 도서전에서 올해의 일러스트레이터 상을 수상하였다. 2018년에는 뉴호라이즌 대상에 배유정의 『나무, 춤춘다』, 오페라 프리마 우수상에 안효림의 『너는 누굴까』가 수상하였다. 2019년 픽션우수상에는 권정생의 『사과나무밭 달님』, 오페라 프리마 우수상에는 채승연의 『그림자 하나』가 선정되었다. 이수지의 『그늘을 산 총각』은 미국 『월스트리트 저널』이 뽑은 2023 최고의 어린이책 10선 및 『커커스 리뷰』 2023 올해의 최고 그림책 중 하나로 선정됐다. 『그늘을 산 총각』은 옛이야기를 독특한 형식인 병풍으로 구성한 작품으로, 전래동화의 구수하고 찰진 글과 현대적 감각의 그림으로 더해진 그림책이다. 이같이 한국의 그림책은 세계에서도 주목받고 있으며 그 우수성을 인정받고 있다.

『그늘을 산 총각』
이수지 글·그림, 비룡소, 2021

2. 외국 아동문학의 역사

1) 19세기 이전

19세기 이전의 아동을 위한 문학은 유아에게 예의범절이나 알파벳, 종교 교리문답을 가르치기 위한 것으로, 주로 학습용 책이었고 유아가 즐겨 읽을 수 있는 문학책은 아니었다. 이 시기의 아동관은 유아를 하나의 독립된 인간으로 바라보지 않았고 성인의 종속물로 여겨졌다.

유아를 위한 문학이 없던 시기에 코메니우스(Johann Amos Comenius, 1592~1671)는 유아를 위한 최초의 그림책인 『세계도회』를 만들었다. 이 그림책은 150가지 주제를 그림으로 풀어 설명하는 목판화가 수록되어 있어 정보 그림책의 출발이라고 할 수 있다.

17세기 말 유럽의 번영은 중산층을 형성하게 하였고 무역을 위해 자녀에게 읽기 · 쓰기 교육이 필요해졌다. 이러한 사회적 분위기 속에서 1700년에서 1840년 사이에 전 유럽의 일반 서민에게 챕북(Chap books)이 보급되었다. 챕북은 일반 서민들이 읽은 최초의 대중 서적으로, 짧은 이야기와 그림이 있는 작은 책이다. 주제는 중세의 로맨스, 옛이야기, 구전문학을 비롯한 유머, 웃음 이야기 등 다양한 분야의 내용을 다루고 있으나 어른을 위한 책이다. 대표적인 작품으로 존 버니언의 『천로역정』, 스위프트의 『걸리버 여행기』, 디포의 『로빈스 크루소』가 있으며, 이러한 책들은 유아에게 인기가 많았다.

18세기 유아문학의 관점을 바꾼 사람은 영국의 기업가 뉴베리(John Newbery, 1713~1767)이다. 그는 200여 종의 아동도서를 출판하여 아동의 읽을거리를 풍성하게 만들었다. 옛이야기를 좋아하는 유아들을 보며, 책의 중요한 소비자가 유아임을 인식하고 저렴한 챕북을 만들었다. 이러한 저렴한 챕북의 등장으로 서민층의 유아도 그림책을 읽을 수 있게 되었다.

프랑스의 라 퐁텐(Jean de La Fontainé, 1621~1695)은 이솝의 우화를 가지고 이야기를 운문으로 각색하여 우화시를 만들었다. 이 우화시는 교훈과 즐거움을 주며, 표현력과 언어의 정확성으로 인해 유아들에게 좋은 읽을거리가 되었다. 한편 프랑스의 샤를 페로는 구전하는 민화를 재화하여 1667년에 『페로 동화집』을 냈다. 이 동화집은 페로가 자기 아이들을 위해 쓴 책으로, 『잠자는 숲 속의 공주』, 『푸른 수염』, 『장화 신은 고양이』, 『신데렐라』가 포함되어 있다.

독일의 그림 형제는 독일 민화를 수집하여 『어린이와 가정을 위한 동화집』(1812)을 출판하였다. 그림 형제는 옛이야기 속 잔인한 내용을 아동에 맞게 재화하여 전래문학이 유아문학으로 자리 잡는 데 공헌하였다. 대표 작품으로 『백설공주』, 『헨젤과 그레텔』, 『브레멘 음악대』, 『늑대와 일곱 마리 염소』 등이 있다.

2) 19세기

19세기의 유아문학은 상상력이 풍부한 환상적인 이야기나 모험을 다루거나 가정과 학교생활을 다룬 이야기가 많이 등장하게 되었다. 19세기는 자연주의와 낭만주의 영향으로 인간의 감성을 중요시하고 개인의 주관과 자아를 중시했다. 유아문학에서도 이러한 영향을 받아 모험과 공상을 소재로 하였고 유아문학의 독자도 유아 자신이 되었다. 이 시기 유아문학은 유아의 정서와 자아를 인정하고 그것을 표현하고자 하였으며, 낭만주의의 영향으로 환상동화가 등장하게 되었다.

영국 루이스 캐럴(Lewis Carroll, 1832~1898)의 『이상한 나라의 앨리스』(1865)는 상상적 이야기로, 앨리스가 토끼 굴에 빠지면서 겪는 모험을 다루고 있다. 이 이야기의 내용은 교훈을 목적으로 하지 않으며 즐거움과 감동을 주기 위한 상상적 이야기이다. 덴마크 안데르센(Hans Christian Andersen, 1805~1875)의 작품도 자유로운 상상에 입각한 것으로, 『성냥팔이 소녀』, 『인어공주』, 『벌거숭이 임금님』과 같은 작품 속에서 웃음과 슬픔, 분노와 어리석음 등이 나타난다. 프랑스의 쥘 베른(Jules Verne, 1828~1905)은 유아에게 공상과 모험의 세계를 과학적이고 사실적인 접근방법으로 만나게 하였다. 『달나라 여행』(1865), 『80일간의 세계일주』(1873) 등의 공상과학 이야기는 현대 과학동화의 선구자라 할 수 있다. 이탈리아의 콜로디(Carlo Collodi, 1826~1890)는 『피노키오의 모험』을 통해 환상성, 신선함, 생동감, 시적인 예술성을 보여 줌으로써 새로운 즐거움과 감흥을 제공하였다.

19세기 유럽에서는 남성은 산업적 · 상업적 성공을 거두고 여성은 자녀 양육이나 가정적인 성품을 지닌 것이 주된 관심사였다. 이에 따라 유아문학 작품도

소년들을 위해서는 마크 트웨인의 『톰 소여의 모험』와 같은 모험 이야기가, 소녀들을 위해서는 루이자 메이 올컷의 『작은 아씨들』과 같은 가정 이야기가 주로 쓰여졌다.

19세기 말부터 그림책 내의 삽화가 중요시되기 시작하였다. 17세기부터 시작된 삽화는 목판화를 수단으로 지면을 채우는 것으로 사용되었다. 그러나 에드워드 에번스(Edward Evans, 1826~1910)를 시작으로 나이테 목판화로 다색 인쇄하여 삽화의 아름다움을 살렸다. 그 후 삽화가 케이트 그린어웨이(Kate Greenaway, 1836~1886)도 다색 컬러 인쇄기로 삽화의 섬세함을 보여 주었다.

에드워드 에번스의 『공주와 완두콩 한 알』

케이트 그린어웨이의 『창 밑에서』

월터 크레인(Walter Crane, 1845~1915)은 『신데렐라』의 글과 그림을 분리하여 구성했으며, 『개구리 왕자』에서 정적인 표현방식의 보완을 위해 연속 그림을 순서대로 배치하였다. 랜돌프 칼데콧(Randolph Caldecott, 1846~1886)의 그림은 여백이 있으며 원근감과 회화적 특징을 보이는데 『익살꾸러기 사냥꾼 삼총사』에서 원경, 중경, 근경을 카메라 렌즈를 통한 스냅 사진처럼 묘사하였다.

『신데렐라』

『개구리 왕자』

『익살꾸러기 사냥꾼 삼총사』
에드윈 워 글 · 랜돌프 칼데콧 그림. 이종인 역. 시공주니어. 1995

3) 20세기

20세기애는 유아에 대한 투자가 활발히 일어나면서 유아문학에 대한 투자도 함께 이루어졌다. 이 시기에는 환상이나 공상 요소가 많은 작품과 함께 글과 그림이 다양하게 그려진 그림책이 출판되었다.

영국 배리(James M. Barrie, 1860~1937)의 『피터 팬』은 영원히 어른이 되지 않는 유아의 공상으로 가득 차 있다. 밀른(A. S. Milne, 1882~1956)의 『곰돌이 푸』는 유머와 즐거움이 있는 작품으로, 유아의 욕구를 충족시켜 준다. 포터(Beatrix

Potter, 1866~1943)의 『피터의 토끼 이야기』는 의인화된 환상동화로, 귀여운 동물 모양과 작은 크기, 부드러운 색감으로 지금까지 많은 사랑을 받고 있다. 프랑스 브루노프(Jean De Brunhoff)의 『어린 코끼리 바비르의 생애』는 유아가 좋아하는 코끼리를 주인공으로 하였고 그가 죽은 후에도 그의 아들에게 이어져 계속 간행되었다. 생텍쥐페리(Antoine De Saint-Exupéry, 1900~1944)의 『어린 왕자』는 단순하고 소박하면서도 격조 있는 문장으로 청년과 성인 독자가 많았다. 독일은 20세기에 많은 변화를 겪으면서 희망이나 외로움, 이별 등에 관한 이야기를 일상생활 가운데 다루고자 하였다. 잘텐(Fellix Salten, 1869~1945)의 『밤비』는 주인공 사슴 '밤비'가 성장하면서 경험하는 일들을 보여 주며 산다는 것은 즐겁지만 때로는 어려움도 극복해야 함을 이야기하고 있다.

미국의 20세기 문학은 제2차 세계대전이 끝나면서 평화의 시대로 접어들었고 이에 따라 미국의 출판사들은 많은 작품을 출간하게 되었다. 미국에서 유아문학의 중요한 자극제 역할을 하게 된 것은 멜처(Melcher)가 1919년 아동도서 주간을 장려한 것이다. 그 후 뉴베리상이나 칼데콧상이 제정되면서 유아문학의 창작과 보급에 영향을 주었다.

미국의 20세기 작가로 바움(L. F. Baum, 1856~1919, 대표작: 『오즈의 마법사』), 몽고메리 부인(Lucy Montgomery, 1874~1942, 대표작: 『빨강머리 앤』), 화이트(E. B. White, 1899~1985, 대표작: 『샤롯의 거미줄』)가 있다. 『빨강머리 앤』은 주인공 '앤'이 성장하는 과정을 감성적이면서 풍부한 어휘로 표현하여 『이상한 나라의 앨리스』만큼의 인기를 받았다. 『샤롯의 거미줄』은 동물의 우정을 다룬 상징적인 환상동화이다.

1930~1960년대에는 모리스 샌닥(Maurice Sandak, 1928~2012), 에즈라 잭 키츠(Ezra jack keats, 1916~1983), 존 버닝햄(John Burningham, 1936~2019), 앤서니 브라운(Anthony Browne, 1946~)과 같은 작가들이 등장하였다. 모리스 샌닥의 『괴물들이 사는 나라』, 『깊은 밤 부엌에서』는 유아의 실생활과 익숙한 소재를 배경으로 상상의 세계를 담은 환상동화이다. 또한 에즈라 잭 키츠의 『우리 개를 찾아 주세요!』는 인종 문제를 주제로 한 작품이다.

『창 너머』
찰스 키핑 글 · 그림. 박정선 역. 시공주니어. 1998

이 시기는 사회적 분위기에 따라 유아문학의 주제도 다양하게 등장하였고 유아문학의 소재와 기법도 다양해졌다. 1960년 이후 20세기를 이끌어 간 찰스 키핑(CharlesKeeping, 1924~1988)은 색채를 거칠고 강렬하면서도 매우 자유롭게 표현하였다. 대표적인 작품으로는『창 너머』,『빈터의 서커스』가 있다. 존 버닝햄은 현실과 환상의 경계가 모호한 그림을 많이 그렸으며, 대표적인 작품으로는『셜리야, 물가에 가지 마!』,『검피 아저씨의 뱃놀이』,『지각대장 존』이 있다. 앤서니 브라운은 초현실주의 기법에 많은 영향을 받아 그림의 세계가 환상에 가득 차 있다. 대표적으로『고릴라』,『돼지책』,『터널』이 있다.

『셜리야, 물가에 가지 마!』
존 버닝햄 글 · 그림. 이상희 역. 비룡소. 2003

『고릴라』
앤서니 브라운 글 · 그림. 장은수 역. 비룡소. 1998

20세기 이후는 멀티미디어와 인터넷의 발달로 다양한 문화를 접하게 되면서 다양한 주제와 기법의 유아문학 작품이 등장하였다. 포스트모더니즘 영향으로 아동문학에 패러디 내용이 등장하기 시작하였다. 대표적으로 유진 트리비자스 글 · 헬린 옥슨버리 그림의『아기 늑대 세 마리와 못된 돼지』는 늑대와 돼지의 입장이 서로 바뀌어 내용이 전개된다. 못된 돼지가 착한 돼지로 변하게 되어 아기 늑대 삼 형제와 함께 놀고 함께 살게 된다는 내용으로, 대상에 대한 선입관과 편견에 대한 주제를 다루고 있다. 프레데릭 스테르의 『아기돼지 세 자매』는 아기돼지 세 자매가 훌륭한 신랑감을 찾아 떠나는 이야기로, 고정적인 성 역할에서 벗어난 여성의 변화에 대한 주제를 다루고 있다.

2000년대 후반에는 멀티미디어와 매체의 발달로 유아도서와 전자출판이 결합된 형태의 유아문학이 등장하였다. 예를 들어 증강현실 기술을 활용한 그림책으로 현실 이미지와 가상 이미지가 상호작용하여 하나의 영상으로 보여 주는 그림책이다. 증강현실 그림책의 빈 페이지를 스마트패드로 비추고 화면을 터치하면 그림이 나타나거나 움직인다. 예를 들어 『어메이징 우주 탐사』(2016)는 3D 그래픽과 양방향 증강현실 기술이 접목된 책이다. 유아는 증강현실 그림책을 통해 태양계의 모든 행성을 탐사하며 쉽고 재미있게 우주를 배울 수 있다. 또한 앱 메인 화면의 '3D 우주게임'으로 들어가면 3D 게임도 할 수 있다.

QR코드 그림책으로 『물이 되는 꿈』, 『안녕, 리틀 뮤지션』이 있다. 『물이 되는 꿈』은 노랫말이 아름다운 루시드 폴의 노래와 이수지의 그림이 어우러진 그림책이다. 책을 펼치면 5m가 넘는 길이로 흘러가는 물의 모습과 여정을 보여 준다. 그림책의 QR코드를 스캔하면 루시드 폴의 『물이 되는 꿈』 노래를 들을 수 있다. 유아가 책장을 넘기면서 음악을 감상할 수 있고 책의 뒷면에는 「물이 되는 꿈」 악보가 그려져 있다. 『안녕, 리틀 뮤지션』은 각 장에 삽입되어 있는 QR코드를 스캔하면 뮤지션들이 악기를 연주하는 동영상을 볼 수 있고, 감상적인 그림과 다양한 유명 뮤지션들의 명언이 쓰여 있다. 피아노, 바이올린, 플루트, 기타, 첼로, 트럼펫, 콘트라베이스, 하프, 드럼, 아코디언과 같은 악기를 소개하고 있어 유아가 뮤지션에 대한 흥미와 이해를 가지게 한다.

『물이 되는 꿈』
루시드 폴 글·이수지 그림.
청어람아이. 2020

『안녕, 리틀 뮤지션』

남빛 글 · 곽명주 그림. 후즈갓마이테일. 2019

※ 본문 하단의 QR코드를 찍으면 뮤지션의 정보와 공연 동영상을 볼 수 있다.

이처럼 오늘날에는 유아문학이 멀티미디어의 발달과 대규모 국제 도서전 등으로 인해 다양한 문화와 주제, 기법의 그림책들을 소개하고 있다.

3. 아동문학상

1) 대한민국

우리나라의 아동문학상은 대한출판문화협회, 문화체육관광부, 주요 신문사, 출판사 등에 의해 수여되고 있다. 대표적인 아동문학상으로 '방정환문학상'과

비룡소에서 주관하는 '황금도깨비상', 보림출판사의 '보림창작그림책 공모전', 문화체육관광부와 한국출판문화산업진흥원의 '대한민국 그림책상'이 있다.

(1) 방정환문학상

방정환문학상은 아동문학 보급에 힘을 써 온 소파 방정환의 정신을 이어가기 위해 1991년 제정된 우리나라 문학상이다. 1991년 제1회에는 동시는 하정호, 동화에는 권용철이 각각 수상하였다. 2023년 제33회에 동시 부분은 이재순의『마음 문 열기』, 동화 부문은『구름 위 책방』이 각각 수상작으로 선정되었다.

『엄마의 강』
권용철 글 · 원현진 그림.
두산동아. 2004

『마음 문 열기』
이재순 글 · 노우혁 그림.
답게. 2023

『구름 위 책방』
류근원 글 · 최영란 그림.
좋은꿈. 2023

(2) 황금도깨비상

어린이의 감성과 정서를 존중하는 좋은 그림책을 시상함으로써 국내 어린이 문학의 발전과 토대를 마련하고자 비룡소가 1992년에 설립한 어린이 문학상이다. 매해 그림책 부문과 동화 부문으로 나누어 시상하며, 신인에게는 등단의 기회를, 기성 작가에게는 폭넓은 창작의 발판을 제공하고 있다.

2016년 그림책 부문 당선작인 정진호의『벽』은 보는 방향에 따라 다르게 보이는 공간의 세계를 담고 있어 유아의 관찰력과 상상력을 키울 수 있다.『벽』은

2015년 볼로냐 국제 아동도서전에서 예술건축디자인상도 수상하였다.

2021년 수상작에는 구돌의 『일곱 할머니와 놀이터』, 육월식의 『친구를 만지지 않아요』가 있다. 『친구를 만지지 않아요』는 매일 쓰는 마스크, 칸막이가 쳐진 책상 등의 팬데믹 상황이 가시가 있어 만질 수 없는 선인장과 닮았다는 상상에서 시작되었다.

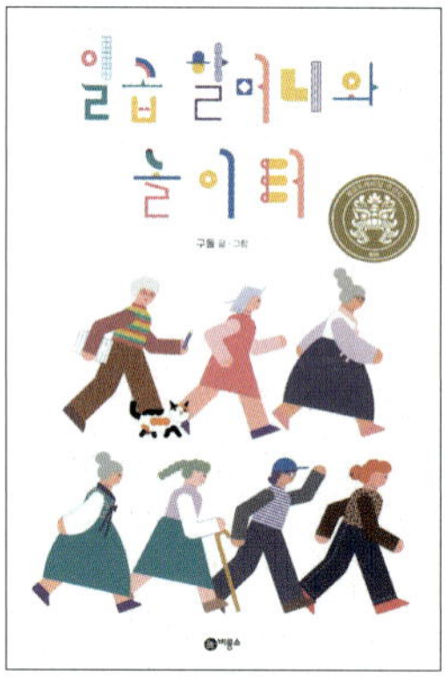

『일곱 할머니와 놀이터』
구돌 글 · 그림. 비룡소. 2022

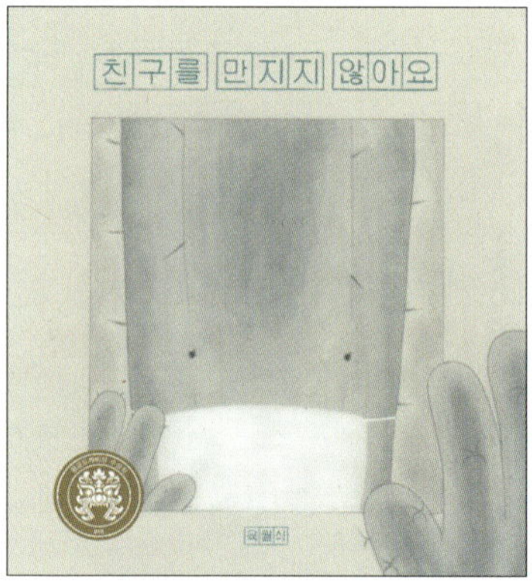

『친구를 만지지 않아요』
육월식 글 · 그림. 비룡소. 2021

(3) 대한민국 그림책상

『사라진 저녁』
권정민 글 · 그림. 창비. 2022

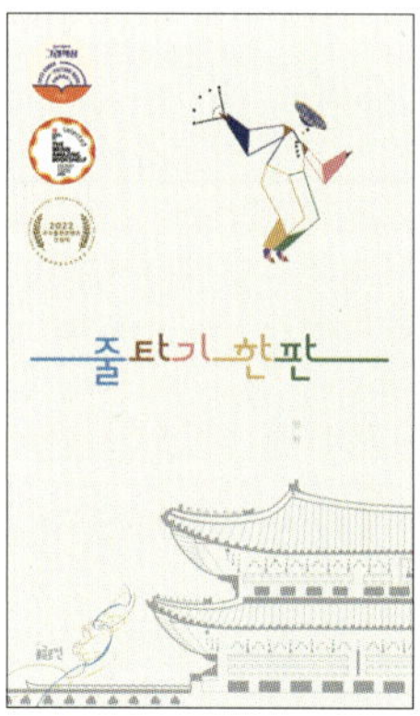

『줄타기 한판』
민하 글 · 그림. 글로연. 2022

문화체육부와 한국출판문화산업진흥원의 한국을 대표하는 그림책 발굴을 위한 상이다. 최근 국내 그림책이 국제상 수상과 수출 성과로 인한 세계적 위상이 높아짐에 따라 대한민국 그림책상이 신설되었다.

대한민국 그림책상은 국내 그림책 작가와 작품에 국내외 인지도를 높이고, 수출까지 통합 지원하는 상이다. 접수된 출품작은 픽션과 논픽션 부문으로 나뉘어서 대상이 선정되고 5편의 특별상과 1편의 신인상이 선정된다.

‘2023 대한민국 그림책상’의 픽션 대상을 받은 권정민의 『사라진 저녁』은 어느 날, 살아 있는 돼지가 배달된 아파트에서 벌어지는 일을 그리고 있다. 사실주의 화풍으로 긴장감과 호기심을 유발하는 시각적인 연출과 현실을 유머러스하게 풍자하고 있다. 논픽션 대상을 수상한 민하의 『줄타기 한판』은 세계무형문화유산으로 등재된 전통놀이인 줄타기의 특징을 그림책 물성에 공감각적으로 온전히 녹여내고 있다.

『호랑이 생일날이렷다』, 『옥춘당』, 『내가 예쁘다고?』, 『무등이왓에 부는 바람』, 『메피스토』 다섯 작품이 특별상을 받았다. 강혜숙의 『호랑이 생일날이렷다』는 한국 옛이야기에 자주 등장하는 호랑이 이야기를 현대적인 그래픽 예술로 재해석하였다. 고정순의 『옥춘당』은 ‘옥춘당’이라는 추억의 사탕을 모티브로 죽음과 노인 이야기를 뭉클하게 다룬 작품이다. 황인찬 글 · 이명애 그림의 『내가 예쁘다고?』는 “예쁘다는 게 뭘까?”를 질문하는 아이의 표정과 마음을 잘 담아낸 그림책이다. 김영화의 『무등이왓에 부는 바람』은 ‘잃어버린 마을’의 풍경을 펜화로 담은 일기 형식의 애도 그림책이다. 루리의 『메피스토』는 인간과 개의 우정을 그리며, 함께 고통을 헤쳐 나가는 동화책이다.

『호랑이 생일날이렷다』
강혜숙 글 · 그림. 우리학교. 2022

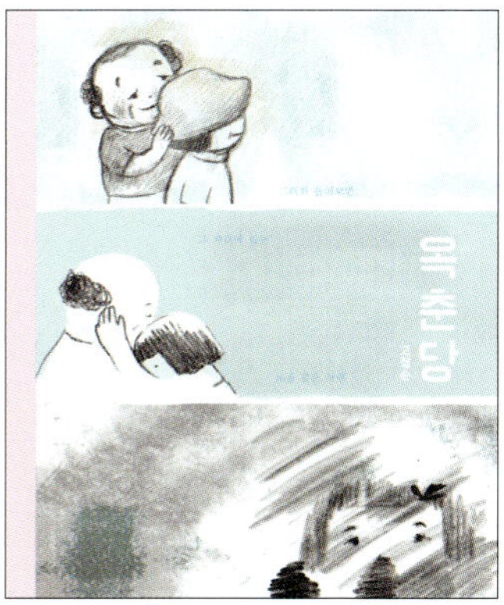

『옥춘당』
고정순 글 · 그림. 길벗어린이. 2023

『내가 예쁘다고?』
황인찬 글 · 이명애 그림. 봄볕. 2022

2) 외국

(1) 칼데콧상

미국의 가장 대표적인 그림책 상으로, 19세기 후반 활약한 랜돌프 칼데콧을 기념하기 위해 창설됐다. 칼데콧상은 그림책의 뛰어난 그림과 이야기와 주제를 효과적으로 표현하는 방식을 고려하여 수상한다.

2022년 칼데콧 영예 도서상을 받은 숀 해리스의 『꽃을 보았니?』는 그림으로 이야기가 전개되는 독특한 형식을 보인다. 들판에 피어나는 꽃을 배경 삼아 계속되는 질문은 유아의 상상력을 자극한다. 칼데콧 아너상을 수상한 코리 R. 테이버의 『간다아아!』는 꼬마 물총새의 산뜻한 도전 이야기로, 유아에게 도전과 자신감을 심어 주는 작품이다.

『꽃을 보았니?』
숀 해리스 글 · 그림. 윤지원 역. 지양어린이. 2021

『간다아아!』
코리 R. 테이버 글 · 그림. 노은정 역. 오늘책. 2022

2023년 칼데콧상을 수상한 더그 살라티의 『핫 도그』는 빡빡한 도시 생활에 필요한 느긋함과 우정이 어떤 모습인지 강아지의 시선을 통해 그려 내고 있다.

『핫 도그』
더그 살라티 글 · 그림. 신형건 역. 보물창고. 2023

(2) 한스 크리스티안 안데르센상

덴마크의 아동문학가인 한스 크리스티안 안데르센을 기념하기 위한 국제적 아동문학상으로, 국제아동도서협회(IBBY)가 2년에 한 번씩 수여하고 있다. 이 상은 모든 작품을 대상으로 하며, 아동문학에 영속적인 공헌을 했다고 평가되는 글 작가와 그림 작가 각 1명에게 수여하는 상으로, 작은 노벨상이라 부른다.

2022년 한스 크리스티안 안데르센상은 이수지의 『파도야 놀자』가 수상하였다. 『파도야 놀자』는 한 소녀가 바닷가에서 경험하는 특별한 하루를 글자 없이 하얀색과 파란색만 사용한 그림으로만 이야기를 그려 내고 있다. 처음에는 파도를 무서워하던 소녀가 점차 마음을 열고 즐거운 시간을 보내는 과정 속에서 기대와 두려움 등의 심리변화를 같이 경험하게 한다.

(3) 볼로냐 라가치상

볼로냐 라가치상은 이탈리아 볼로냐에서 열리는 세계아동도서전에서 수여하는 상이다. 전 세계의 출판작 중 작품성이 우수한 도서에 주어지는 상으로, 창작성과 교육적 가치, 예술적 디자인을 기준으로 심사하며, 최우수상, 우수상 1권을 선정한다.

볼로냐 라가치상은 픽션, 논픽션, 뉴호라이즌, 오페라 프리마 등 4개 분야가 있다. 뉴호라이즌은 문학성이 뛰어난 제3세계 아동문학 작품에 수여하는 상이며, 오페라 프리마는 뛰어난 신인 작가의 첫 작품에 주는 상이다. 2015년에는 밀란 엑스포를 맞이해 북앤시즈 부분이 추가되었으며 기아, 농업, 식품, 생물의 다양성을 다른 작품을 시상하고 있다.

우리나라는 2004년 이후 볼로냐 라가치상 수상자가 꾸준히 나오고 있다. 2017년 픽션 우수상

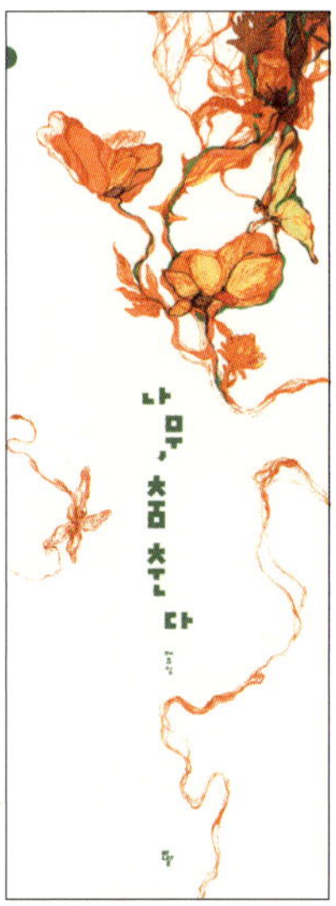

『나무, 춤춘다』
배유정 글·그림. 반달. 2016

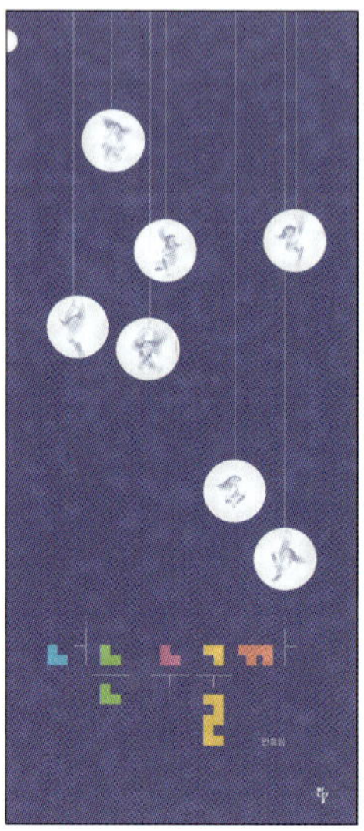

『너는 누굴까』
안효림 글·그림. 반달. 2017

은 조원희의 『이빨 사냥꾼』, 예술건축디자인상은 정진호의 『벽』이 받았다. 2018년 뉴호라이즌 대상은 배유정의 『나무, 춤춘다』, 오페라 프리마 우수상은 안효림의 『너는 누굴까』가 수상하였다. 2019년 픽션 우수상은 권정생의 『사과나무밭 달님』, 오페라 프리마 우수상은 채승연의 『그림자 하나』가 받았다. 2020년 오페라 프리마 우수상은 안재선의 『삼거리 양복점』, 뉴호라이즌 스페셜 주리상은 안재선의 『할머니를 위한 자장가』가 수상하였다.

2018년에 뉴호라이즌 대상을 받은 배유정의 『나무, 춤춘다』는 판형부터 다른 15m에 달하는 글과 그림이 병풍처럼 길게 이어진 그림책이다. 열여섯 개의 낱장이 하나로 길게 이어져 있으며, 앙상한 나무가 밑동만 드러낸 가운데, 뿌리 같기도 줄기 같기도 한 그림들이 아래로 끝없이 흐른다. 그림책의 상식을 벗어난 환상적인 예술 그림책이다.

2022년에는 한국인 최초로 이수지의 『여름이 온다』가 그림 작가 부문을 수상하였다. 『여름이 온다』는 아이들의 물놀이와 한여름의 변화무쌍한 날씨를 비발디의 『사계』 중 「여름」과 결합한 아름다운 글 없는 그림책이다.

2021년 코믹스 유아 대상은 이지은의 『이파라파냐무냐무』, 오페라 프리마 우수상은 박현민의 『엄청난 눈』이 받았다. 2022년 픽션 우수상은 이수지의 『여름이 온다』, 논픽션 우수상은 최덕규의 『커다란 손』이 받았다.

『이파라파냐무냐무』
이지은 글 · 그림. 사계절. 2020

『엄청난 눈』
박현민 글 · 그림. 달그림. 2020

「여름이 온다」
이수지 글·그림. 비룡소. 2021

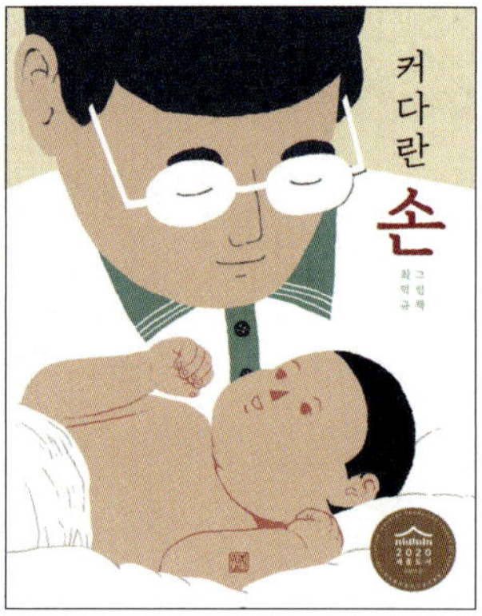

「커다란 손」
최덕규 글·그림. 윤에디션. 2020

2023년에는 볼로냐 라가치상 픽션 부문에서 이지연의 『이사 가』가 우수상을 받았다. 『이사 가』는 긴 병풍 형식으로 마당에서 줄지어 가는 개미들의 모험을 담은 그림책이다. 오페라 프리미엄 부문에서는 미아의 『벤치, 슬픔에 관하여』가 우수상을 받았다. 『벤치, 슬픔에 관하여』는 양쪽 문이 열리는 형식의 그림책으로, 페이지를 넘길 때마다 벤치 끝에 앉았던 사람이 마주치다 헤어지는 방식으로 이루어져 있다.

「이사 가」
이지연 글·그림. 엔씨소프트. 2022

생·각·열·기

1. 가장 인상 깊은 시대별 그림책 한 가지를 선택하고 이유를 적어 봅시다.

2. 볼로냐 라가치상을 받은 우리나라 작가의 그림책 특징과 주제에 관해 이야기 나누어 봅시다.

3. 『여름이 온다』 그림책을 감상해 봅시다.

『여름이 온다』
이수지 글 · 그림, 비룡소, 2021

① 『여름이 온다』의 주제를 살펴봅시다.

② 그림을 통해 표현된 주인공의 감정과 생각을 적어 봅시다.

③ 『여름이 온다』의 그림을 보고 이야기를 만들어 봅시다.

제3장

유아문학의 장르

학습목표

1. 유아문학 장르의 유형을 분류할 수 있다.
2. 유아문학 장르의 특징을 설명할 수 있다.
3. 유아문학 장르의 가치를 인식하고 유아에게 적절한 동화를 소개할 수 있는 태도를 지닐 수 있다.

『쉿! 구름머리 방에 놀러와』 中
문정회 글 · 마야 셀리야 그림. 아주좋은날. 2017

문학의 장르는 문학 작품을 유형별로 분류하여 체계적으로 정리를 한 것이다. 프랑스어인 '장르(genry)'는 생물학에서 공통적 특성이나 차이에 따라 종을 분류하거나 체계를 세울 때 쓰인 표현이다. 문학의 장르는 문학 작품이 가지는 공통적인 특성이나 차이에 따라 종류를 구분한 것이다.

문학은 리듬감을 가지고 있는 운문과 리듬감이 없는 산문, 이야기의 사실성에 따른 사실문학과 환상문학, 저자의 유무에 따른 전승문학과 구전문학으로 구분할 수 있다. 그러나 문학의 장르는 쉽게 구분하기 어려우며, 항상 명확하지도 않아 다양하게 분류되고 있다.

유아문학도 문학의 장르 기준을 따라 구분되며 운문에는 동요나 동시를 포함하고 산문은 전래동화와 창작동화가 포함된다. 전래동화에는 민담, 신화, 우화가 포함되며 창작동화에는 사실동화와 환상동화가 포함된다. 이처럼 유아문학의 종류는 다양하며 학자에 따라 여러 가지로 분류하고 있다.

석용원(1982)은 유아문학의 종류를 일반문학의 서정시, 서사시, 극시의 삼분법을 기초로 분류하였고 이러한 세 가지 형태에 특수성을 가지고 발전된다고 보았다. 문학 장르의 구분 과정에서 본 유아문학의 장르를 살펴보면 다음과 같다.

민요 부분(ballad dance)			
구전문학	설화문학 (신화 · 전설 · 설화 · 민화 · 우화 · 옛날이야기) ⇩	극문학 (탈춤 · 인형극 · 연극) ⇩	시가문학 (무가 · 민요 · 전래동요) ⇩
창작문학	서사시 동화 ⇩ 소설 동화 · 아동소설	극시 동시 ⇩ 희곡 아동극 · 아동 시나리오	서정시 동시 ⇩ 시 동요 · 동시
	산문(prose)		운문(verse)

출처: 박선희 외(2009). 유아문학.

러셀(Russell, 2005)은 유아문학의 종류를 유아기 책, 그림 이야기 책, 전래동화, 시, 환상문학, 사실문학, 전기와 정보책으로 분류하였다. 서더랜드(Sutherland, 1997)는 그림책, 전래동화, 근대 환상문학, 근대 사실문학, 시, 역사동화, 전기, 정보책으로 분류하였다. 이들은 그림책을 유아문학의 한 장르로 따로 분류하였다.

김세희(2004)는 유아문학을 크게 운문, 산문, 정보책으로 나누고 운문은 동요와 동시, 동요는 전래동요와 창작동요로 나누었다. 산문은 전래동화와 창작동화로 나누고 전래동화에는 민담, 신화, 소설, 우화를 포함하며, 창작동화는 환상동화, 생활동화로 나누었다. 그리고 유아의 발달 특성상 초보적인 개념이나 정보를 급속도로 습득해 가는 시기이므로 이러한 발달이나 지식 습득을 돕는 정보책을 종류에 포함하였다.

서정숙 외(2018)는 옛이야기 그림책, 동요·동시 그림책, 환상 그림책, 사실 그림책, 글 없는 그림책으로 유아문학의 장르를 구분하였다. 김정원 외(2023)는 유아문학의 종류를 옛이야기 그림책, 동요·동시 그림책, 환상 그림책, 사실 그림책, 정보 그림책, 글 없는 그림책으로 분류하였다. 그림책은 유아문학의 모든 장르를 포함하고 있으므로 이러한 것을 참고하여 본서에서는 김정원 외(2023)의 분류를 기초로 유아문학의 장르를 분류하고자 한다. 이를 표로 나타내면 다음과 같다.

유아문학의 장르 구분

유아문학	산문	옛이야기 그림책(민담, 우화, 신화)
		환상 그림책
		사실 그림책
		정보 그림책
		글 없는 그림책
	운문	전래동요 · 동시 그림책
		창작동요 · 동시 그림책

출처: 김정원 외(2023). 유아문학교육(2판). 학지사.

1. 옛이야기 그림책

옛이야기 그림책은 오랜 세월 민중에 의해 구전되어 온 전승문학이나 구비문학으로 분류되는 문학이다. 전승문학은 말로 된 문학으로, 입에서 입으로 전해져 내려와 내용과 결말이 지역마다 다르다. 전래동화는 전승문학의 한 부분이며 동심을 바탕으로 한 유아에게 교육적인 내용으로 구성된 것을 말한다. 따라서 전승문학 가운데 내용이 외설스럽거나 잔인한 내용으로 유아에게 유익하지 않고 심리적으로 부적절하다면 전래동화라 할 수 없다. 그러므로 옛이야기 그림책은 구전된 민담, 신화, 우화 가운데 유아에게 적합한 이야기를 골라 줄거리와 원형의 품위는 유지하면서 동심을 바탕으로 유아의 말로 꾸며진 이야기로 정의할 수 있다. 옛이야기 그림책의 종류를 살펴보면 다음과 같다.

1) 민담

'옛날이야기'라고 할 수 있으며 우리나라 전래동화 중 가장 많은 부분을 차지하고 있다. 민담은 세대를 거쳐 전해 내려오는 특정한 작가 없이 널리 알려진 이야기이다.

민담의 특징으로 첫째, 단어와 구, 문장 등의 반복적인 특성이다. 둘째, 숫자 '3'의 원형이 나타난다. 예를 들면 세 가지 소원, 세 가지 부적, 세 아들, 세 가지 보물, 세 가지 모험 등이 있다. 이처럼 사물이나 사건에서 3이라는 숫자가 반복된다. 셋째, 민담은 단순한 이야기로 '옛날 옛날에'로 시작하여 '행복하게 잘 살았습니다.'로 끝난다. 넷째, 민담은 주인공이 대부분 여행을 떠난다. 길고 먼 여행에서 문제 해결을 위한 힘, 지혜, 용기 등이 표현된다. 예를 들어 『반쪽이』는 반으로 태어났지만, 누구보다

『반쪽이』
이현주 글 · 송희진 그림. 비룡소. 2010

센 힘과 지혜로 위기를 극복하는 모습을 보여 준다. 다섯째, 민담은 대립적인 요소가 많이 등장한다. 즉 착한 사람과 나쁜 사람, 평민과 상류계층, 어린이와 어른, 선과 악의 대립으로 전개된다. 이러한 내용은 전래동화인『흥부와 놀부』,『혹부리 영감』등에서도 볼 수 있다. 즉 착한 사람과 나쁜 사람, 부자와 가난한 사람 등 대립적인 인물의 등장과 구도로 전개되면서 갈등이 고조되다가 결말에서 선한 사람은 승리하고 악한 사람은 벌을 받는다.

유아교육 측면에서 민담이 가지는 교육적 의의는 환상에 기반을 둔 명쾌한 이야기가 유아에게 재미를 주고 전통문화에 쉽게 접근할 수 있게 한다는 것이다. 또한 민담의 권선징악 주제는 유아의 인성을 형성하는 것에 도움을 준다.

2) 우화

우화는 동물이나 무생물에 인간 성격을 부여하여 교훈성을 중심으로 인간성을 풍자하거나 교화시키고자 하는 이야기이다. 우화는 하나의 줄거리가 있고 인간 특징을 상징화하는 동물 인물이 등장하며 도덕적인 교훈을 명확히 서술한다. 우화에서는 힘 있고 지혜로운 자가 승리하는 현실주의적 세계관이 내재된 특징이 있다.

대표적으로『이솝우화』와 프랑스의 시인 라 퐁텐의『우화시』가 있다.『이솝우화』의『시골 쥐와 도시 쥐』,『개미와 베짱이』는 동물을 의인화하여 옳고 그름, 선하고 악한 것에 관한 내용을 이야기하고 있다. 이처럼 우화는 인간의 특성을 동물로 상징화하여 좋고 나쁨의 도덕적인 규범을 전달한다.

『시골 쥐와 도시 쥐』
카트린 셰러 글·그림. 유영미 역.
책빛. 2019

『팥죽 할머니와 호랑이』
조대인 글·최숙희 그림.
보림. 1997

우화의 교훈은 세상을 살아가는 데 필요한 처세술과 상대적 가치를 반영하고 있어 아무리 단순한 플롯으로 꾸며졌다고 해도 유아가 이해하기 어려울 수 있다고 루소는 지적하였다.

3) 신화

신화는 신성시되는 이야기로 신들의 이야기, 생명의 기원, 인류문명이나 종교, 사회관습에 관한 내용을 다루고 있다. 신화는 흔히 일어날 수 없는 불가능에 가까운 시련을 극복하거나 동물의 보호를 받거나 알에서 태어나는 등 현실에서 일어나지 않는 특이한 내용이 많다. 신화의 등장인물은 수가 적고 신적인 존재들이다. 또한 신화의 줄거리는 아주 단순한 사건으로 이루어져 있으며 배경은 시간적 · 공간적으로 단순하고 피상적이다. 신화의 주제는 보편적이며 엄숙한 분위기와 신비로운 면을 갖는다.

『단군신화』
이형구 글 · 홍성찬 그림. 보림. 2007

우리나라 신화는 건국 신화가 대부분이며 단군신화를 비롯해 신라를 세운 박혁거세 등이 있다. 신화는 현실에서 일어나지 않는 내용이 많다. 예를 들어 '단군신화'의 경우 쑥과 마늘을 백 일 동안 먹었고 그 결과 사람이 되었다는 결말을 통해 인류문명의 기원을 이야기하고 있다.

신화가 유아에게 호소력이 있는 이유는 인간의 힘으로 미칠 수 없는 불가사의한 것을 상상력으로 설명하고자 하는 과정에서 나온 것이다. 신화를 유아가 좋아하는 이유는 환상, 마술, 상상력으로 가득한 꿈을 제공하는 자료가 포함되어 있기 때문이다. 즉 인간이 힘으로 미칠 수 없는 불가사의한 것을 상상력으로 설명하고 있다. 예를 들어 『미다스 왕과 황금 손길』에서 부에 대한 끝없는 욕망을 가진 미다스 왕은 무엇이든 손으로 만지기만 하면 황금으로 변하는 소원을 빌었다. 소원을 이루게 된 미다스 왕은 자신이 만지는 음식도 딸도 황금으로 변하자 잘못을 뉘우치고 고통에서 벗어나 지혜로운 왕이 된다는 이야기이다.

신화는 신화가 지닌 아름다움과 상상의 수준 때문에 유아보다는 아동에게 더 적절하다. 또한 신화는 우리의 사고와 언어의 기원을 알려 주기 때문에 아동에게 신화를 접할 기회를 많이 주어야 한다(Sutherland, 1997).

4) 옛이야기 그림책 패러디

옛이야기 그림책 패러디는 문학 작품의 한 형식으로, 시구나 문체를 모방해 풍자적으로 익살스럽게 꾸민 서문이라고 할 수 있다. 이러한 옛이야기 그림책의 패러디는 문학 작품에 원작의 주제와 플롯을 변형시켜 모방적·비판적으로 의미에 차이가 있는 입체적 모방이라는 특성이 있다(황은순 외, 2015). 패러디된 옛이야기 그림책에는『아기 돼지 삼 형제』가 있다.『아기 돼지 삼 형제』를 패러디한『늑대가 들려주는 아기 돼지 삼 형제 이야기』는 우리에게 잘 알려진 아기 돼지 삼 형제의 이야기를 주인공인 돼지 관점이 아닌 늑대에 입장에서 내용을 이끌어 간다. 즉 유아가 다른 관점에서 생각하는 기회를 제공하고 있다.

> "하지만 우리 늑대가 토끼나 양이나 돼지같이 귀엽고 조그만 동물을 먹는 건, 우리 잘못이 아니야. 원래 우리는 그런 동물을 먹게끔 되어 있거든. 치즈버거를 먹는다고 해서 너희를 커다랗고 고약한 사람이라고 한다면, 그게 말이 되니?"
>
> - 본문 中

『늑대가 들려주는 아기 돼지 삼 형제 이야기』
존 셰스카 글·레인 스미스 그림. 황의방 역. 보림. 1996

프레데릭 스테르의 『아기돼지 세 자매』는 아기돼지 세 자매가 훌륭한 신랑감을 찾아 떠나는 이야기이다. 첫째와 둘째 돼지는 늑대에게 잡아먹히고, 셋째 돼지는 늑대의 탈을 쓰고 있다가 자신의 지푸라기 집으로 늑대를 유인해 잡는다. 이 덕분에 셋째 돼지만 신랑감을 찾게 된다. 셋째 돼지를 지켜 준 것은 집이 아니라 그녀의 지혜와 용기였다. 『아기돼지 세 자매』는 왜곡된 고정적 성역할에서 벗어난 여성상의 변화를 다루고 있다.

『아기 늑대 세 마리와 못된 돼지』는 대상에 대한 선입견과 편견을 다루고 있으며, 늑대와 돼지의 입장이 서로 바뀌어서 내용이 전개된다. 크고 못된 돼지는 아기 늑대 삼 형제의 집을 날려 버리려 하다가 꽃향기를 잔뜩 맡고 자신의 잘못을 깨달아 '착한 돼지'로 변한다. 크고 못된 돼지는 착한 돼지가 되어 아기 늑대 삼 형제와 놀고 함께 살게 된다는 내용이다.

"돼지는 계속 코를 킁킁거리며 향기로운 냄새를 잔뜩 마셨어요.
그러자 마음이 부드러워지고 이제껏 얼마나 못되게 굴었는지 깨달았답니다.
그러니까 크고 못된 돼지는 크고 착한 돼지가 된 거예요."

\- 본문 中

『아기 늑대 세 마리와 못된 돼지』
유진 트리비자스 글 · 헬린 옥슨버리 그림. 김경미 역. 시공주니어. 2006

『제가 잡아먹어도 될까요?』는 늑대에 대한 편견을 깨는 작품이다. 예의 바르고 마음 약한 늑대는 애절한 사연을 듣고 잡아먹지 못하고 놓아준다. 나쁜 짓만 하는 늑대가 아닌 인간적 고민을 하는 늑대의 모습을 그리고 있다.

그때 마침 뽀얗고 오동통하게 살이 오른 돼지 세 마리를 만났어요.
"쟤들도 내가 먹을 수 있는 거라면 좋겠다!"
"너희들은 혹시……?"
"우리는 아기돼지 삼 형제인데요."
"야, 신난다! 너희들 이름도 있어. 내가 잡아먹어도 될까?"

- 본문 中

『제가 잡아먹어도 될까요?』
조프루아 드 페나르 글 · 그림. 이정주 역. 베틀북. 2002

옛이야기 그림책은 환상성을 기반으로 유아에게 재미를 주고 권선징악의 주제를 통해 도덕교육의 가치를 배울 수 있게 한다는 점에서 교육적 의의가 있다. 옛이야기 그림책 속 주인공의 용기와 모험은 유아에게 자신감을 가지게 하며, 이야기 속의 심층적 의미는 유아의 내면적 삶을 풍요롭게 만든다.

2. 동요 · 동시 그림책

1) 전래동요 · 동시

전래동요와 동시의 '전래'란 예로부터 전해 내려오는 것으로, 전래동요 · 동시는 '어린이의 생활감정이나 심리를 나타낸 예로부터 전해 내려온 어린이의 가요와 시'를 의미한다. 전래동요의 특징은 리듬과 음을 가지고 있으며 음역이 넓지 않고 단순한 음계로 이루어져 있다. 전래동요가 가진 단어의 절약성으로 인해 구성이 단순하며, 곡조의 제약을 받지 않고 개작하기도 한다.

전래동요는 유아에게 가족애, 우정, 효도, 인간 존중 사상 등 전통적 가치나 보편적 감정을 가질 수 있는 마음을 길러 준다. 또한 짧고 선율적이고 외우기

쉬워 유아가 흥미를 갖고 문해 기술을 획득할 수 있다.

전래동요의 유형에는 놀이할 때 순조롭게 하고 흥을 돋워 주는 놀이 동요와 언어 자체에 재미를 위해 부르는 말놀이 동요, 어른이 아이를 달래기 위해 부르는 동요가 있다.

(1) 말놀이 동요

말놀이 동요는 언어 자체의 재미를 위해 부르는 전래동요로, 장난스러운 말투를 사용하여 언어 자체의 유희성을 즐긴다. 유아가 말놀이 동요를 좋아하는 이유는 언어 자체의 재미, 즉 재미있는 말이 많이 포함되어 있기 때문이다. 이러한 말놀이 동요는 짧고 반복적인 어휘와 리듬감을 통해 유아의 흥미를 촉진하면서 자연스럽게 단어의 개념을 배울 수 있게 한다.

나무타령

나무나무 무슨 나무, 십리 절반 오리나무
불 밝혀라 등나무, 푸르러도 단풍나무
가다보니 가닥 나무, 오다보니 오동나무
죽어도 살구 나무, 따끔따끔 가시나무
갓난애기 자작나무, 앵돌아져 앵두나무
벌벌 떠는 사시나무, 바람 솔솔 솔나무
거짓 없이 참나무, 입 맞추자 쪽나무
낮에 봐도 밤나무

말놀이 게임

원숭이 엉덩이는 빨개, 빨가면 사과
사과는 맛있어, 맛있으면 바나나
바나나는 길어, 길면 기차
기차는 빨라, 빠르면 비행기
비행기는 높아, 높으면 백두산

(2) 놀이 동요

놀이 동요는 동작이나 놀이를 통한 신체를 움직이며 부르는 동요이며, 놀이 혹은 동작이 재미있어서 유아가 선호한다. 예를 들어 「여우야, 여우야 뭐 하니」, 「꼬마야 꼬마야」와 같은 동요는 묻고 답하기 형태로 동작이 쉽고 재미있다. 「여우야, 여우야 뭐 하니」는 '여우야 뭐 하니?'라는 질문에 '잠잔다', '세수한다'와 같이 차례차례 동작을 바꾸며 점진적으로 발전해 나가는 형태이다. 마지막 술래를 정하는 방식도 '살았니? 죽었니?'라는 질문에 '죽었다' 하면 움직이지 않고 '살았다' 하면 도망가는 것을 통해 유아에게 선택의 여지를 줌으로써 재미를 더한다.

(3) 애무요

어른이 아이를 달래거나 놀리면서 부르는 노래로, 「자장가」, 「둥개 둥개 둥개야」가 있다. 「자장가」는 전국적으로 다양한 노래가 전해져 내려오고 있다(김정원 외, 2023). 「새는 새는 나무 자고」는 4·4조 가락으로 아기를 재울 때 부르는 자장노래이다. 자지 않으려는 아이를 안고 잠을 청하는 어머니의 모성을 담아내고 있다. 이 전래동요는 산과 들과 풀꽃들이 모두 잠들고 깨어나는 자연과 인간의 어우러진 모습을 시어에 담아내고 있다.

운율감 넘치는 가락에 재미있는 이야기가 담긴 「길로 길로 가다가」는 길을 걷다 우연히 주운 바늘 하나로 꼬리에 꼬리를 물고 이어지는 신나는 상상을 재미있게 엮은 친숙한 전래동요이다. 「길로 길로 가다가」는 지역마다 가사가 조금씩 변형된 버전이 있다.

『새는 새는 나무 자고』
전래동요 글 · 정순희 그림. 창비. 2006

『길로 길로 가다가』
권정생 글 · 한병호 그림. 한울림어린이. 2018

전래동요 · 동시의 유아교육의 가치를 살펴보면 다음과 같다(김세희, 2004).

첫째, 유아에게 즐거움을 준다. 전래동요의 어휘에서 오는 재미와 리듬감은 유아의 입과 귀를 즐겁게 하며 반복적인 요소는 기억과 이해를 돕는다.

둘째, 유아의 언어 발달을 돕는다. 전래동요는 의미를 모르면서도 쉽게 암기할 수 있으며, 문답 형식의 가사는 어휘 발달에 도움이 된다.

셋째, 유아의 간접 경험 폭을 넓혀 준다. 다양한 소재를 가진 전래동요는 생활 체험의 범위가 좁은 유아에게 경험의 폭을 넓게 해 주며, 현실 세계의 한계를 벗어날 수 있게 한다. 또한 전래동요는 유아에게 우리나라 전통적 가치인 가족애, 우정, 효도, 형제애의 간접 경험을 제공할 수 있다.

넷째, 유아의 사회성 발달을 돕는다. 한국 전래동요는 혼자서 하는 노래보다 집단으로 부르는 노래가 많아 유아의 사회성 발달을 돕는다.

다섯째, 유아에게 음악적 경험을 제공한다. 전래동요의 음악성과 리듬감은 대부분 동적이고 경쾌한 속성을 가진 2음보율의 운율을 가지고 있는데 이러한 박자와 리듬감은 유아에게 음악적 경험을 제공한다.

2) 창작동요 · 동시

시는 운율적인 함축적 언어와 비유와 상징의 특성을 가진다. 유아를 대상으로 하는 동시는 대상의 특성상 동심을 나타내는 내용을 담고 있어야 하며, 유아의 발달 수준에 적합해야 한다. 유아가 동시를 자주 접하게 하기 위해서는 부모나 교사가 자주 읽어 줌으로써 동시와 친숙할 수 있도록 해야 한다. 유아는 부모나 교사가 읽어 준 동시를 통해 시를 이해하면서 자신과 주변의 세계를 다른 눈으로 자세히 관찰할 수 있다.

유아에게는 운율과 리듬감을 가지거나 의성어나 의태어의 감각적인 시어를 사용한 시를 선택하는 것이 적절하다. 예를 들어 「잘도 알아요」는 운율과 리듬감을 가진 시로 반복적인 운율로 큰 소리로 읽어 주기에 좋으며, 「눈 오는 날」은 사물의 모양이나 소리를 흉내 낸 의태어와 의성어를 시어로 사용하여 유아가 시각적 · 청각적 이미지를 형성하도록 돕는다. 「빨래집게」는 의인법을 활용한 시어로 유아에게 즐거움을 준다.

잘도 알아요

김완성

오가는 발소리
그 많은 중에
엄마는 안 보고도
잘도 알아요
쿵쿵쿵 뚱뚱한
아빠 발소리
콩콩콩 넘어질 듯
아가 발소리

눈 오는 날

이문구

송이송이 함박눈
소복소복 장독대
두런두런 말소리
조용조용 새소리
동글동글 눈사람

빨래집게

민현숙

한 번 입에 물면
놓아주지 않는다
개구쟁이 바람이
바짓가랑이를 잡고 늘어져도
놓치지 않는다
조그만 게
고 조그만 게
덩치 큰 바람을 이긴다

창작동요 · 동시의 유아교육 가치를 살펴보면 다음과 같다.

첫째, 동시는 유아의 감정표현 향상 능력에 도움을 준다. 반복된 동시의 리듬과 운율감을 통해 유아는 감각적인 즐거움을 느끼면서, 자신의 감정을 자연스럽게 표현하는 능력을 배울 수 있다.

둘째, 동시는 유아에게 모국어의 아름다움을 느끼게 해 준다. 유아는 리듬감과 운율이 있는 동시를 반복적으로 읽으면서 모국어의 아름다움을 느낄 수 있으며, 이를 통한 언어적 표현력을 기를 수 있다.

셋째, 동시는 유아의 언어 발달에 도움을 준다. 동시는 운율적인 함축적 언어를 반복 사용함으로써 유아에게 글자와 단어에 대한 흥미를 느끼게 한다.

넷째, 동시는 유아가 자연 세계, 인간 세계, 사물에 대한 관찰력을 갖게 한다. 동시의 재구성을 통한 경험은 유아의 사물과 인간, 자연에 대한 날카로운 관찰력과 직관력을 기르는 것에 도움을 줄 수 있다.

TIP 유아에게 적절한 시의 선택

- 교사가 좋아하는 시
- 활기찬 묘사가 풍부한 시
- 동시에서 운율과 리듬감을 주는 시
- 의성어와 의태어를 사용한 시
- 일상생활에 새로운 의미를 부여하는 시
- 감각적이고 기억할 만한 시어를 사용한 시
- 유머러스한 시
- 함축적이고 짧은 시

3. 환상 그림책

환상 그림책은 환상이 중심이 되는 저자의 상상력으로 쓰인 이야기이다. 즉 작가의 상상력에 의해 만들어진 창작동화책이다. 환상동화는 현실과 다른 초자연적인 소재나 대상, 사건이 중심이 되며 자유로운 시공간의 배경을 가진다.

1) 환상 그림책의 특징

환상동화의 특징은 현실에서 일어날 수 없는 환상적 요소와 초현실적인 요소를 포함하며, 시간과 공간이 연계되어 있다. 환상동화는 인간의 진실성을 다루며 그 진실성으로 인하여 감동을 준다. 현대 환상 그림책의 특징은 다음과 같다.

① 유아의 내면적 심리 표출에 환상의 초점을 두고 있다.

모리스 샌닥의 『괴물들이 사는 나라』는 어린이의 내면적 심리 표출에 환상의 초점을 두고 있다. 즉, 일상생활 속의 소재에 자신의 상상력을 소극적으로 반영시키는 이전의 방식과는 달리, 어린이 측에서 상상의 세계를 따로 만들어 냄으로써 좀 더 적극적인 상상의 세계를 표출하고 있다.

② 형식이나 대상이 매우 다양해지고 있다.

레오 리오니는 쥐, 물고기, 카멜레온, 토끼, 자벌레 등 많은 동물을 주인공으로 하는 환상 그림책을 쓰고 그렸는데, 그것들은 단순히 어린이가 자신의 상상력을 표출시키는 범위를 넘어서며, 인생의 심오한 진리까지 포함한다. 독특한 인물과 소재를 바탕으로 상상력을 가미하는 기존의 형식에서 벗어나 아주 다른 독특한 상상의 세계를 표현하는 특징을 가지게 되었다.

③ 전통인 그림과 본문의 통합성이 최근 점차 약화되고 있다.

『괴물들이 사는 나라』가 나온 1963년 이후에 1930년부터 약 30년 이상 지켜오던 그림 이야기 책에 대한 전통인 그림과 본문의 통합성이 최근 점차 약화되고 있다. 그림은 본문의 테두리를 벗어나지 않는다는 원칙에서 벗어나 그림만으로도 내용을 충분히 전달하는 그림책의 비중이 커지고 있다.

④ 다양한 결말의 가능성을 열어 놓는 경우가 많아졌다.

현대 환상 그림책은 포스트모던 문학의 영향을 받아 어린 독자 스스로 결말을 이끌어 내도록 하고 있다. 대표적인 예로 존 버닝햄의 『지각대장 존』이나 데이비드 위스너의 『이상한 화요일』이 있다. 『지각대장 존』은 곤란에 처한 선생님을 교실에 두고 존이 나오는 것을 끝으로 열린 결말을 제시하고 있다.

2) 환상 그림책의 유형

(1) 민담의 요소를 가진 환상 그림책

작가의 상상력을 통해 무생물이나 동식물을 의인화에서 만든 작품이다. 초월적 등장인물이나 사건을 보여 주거나 전래동화를 고쳐서 만든 이야기를 내용으로 하는 환상 그림책이다. 예를 들어 『백만 마리 고양이』는 아이가 없던 할아버지, 할머니가 적적하게 지내다 고양이라도 키우려고 할아버지가 찾으러 나선다. 할아버지가 너무 많은 고양이를 데리고 오자 그중 가장 예쁜 단 한 마리만 뽑기로 정한다. 고양이들은 서로 싸워 죽이고 결국 예쁘다고 주장하지 않던 한 마리 고양이만 남아 노부부와 행복하게 사는 전래동화와 같은 이야기이다. 『달 사람』은 인간에게 잡혀 갇혀 있던 달 사람이 점점 모습이 변해 작아지면서 다시 달 세계로 돌아가는 이야기이다.

『백만 마리 고양이』
완다 가그 글 · 그림. 강무환 역. 시공주니어. 1994

『달 사람』
토미 웅거러 글 · 그림. 김정하 역. 비룡소. 1996

(2) 순수한 상상을 포함하는 환상성이 높은 환상 그림책

『구름 나라』
존 버닝햄 글 · 그림. 고승희 역. 비룡소. 1997

주인공이 초현실적인 능력이 있거나 사람을 축소 · 확대하며 상상 속의 공간과 시간 속에서 자유로운 여행을 하는 이야기가 이 유형에 속한다. 『이상한 나라의 앨리스』, 『피터 팬』이 대표적이다.

등장인물은 현실과 비현실의 배경을 자유롭게 넘나들며 실제의 시간적 · 공간적 배경을 배제하고 초현실적인 세계를 창조한다. 예를 들어 존 버닝햄의 『구름 나라』는 절벽에서 떨어져 환상의 세계로 들어갔다가 주문을 통해 다시 환상의 세계에서 빠져나온다. 『쉿! 구름머리 방에 놀러와』는 세상에 단 하나밖에 없는 엄마 구름머리 방이라는 주인공의 상상을 통해 전개되는 재미있는 환상 이야기이다.

(3) 의인화된 동물·장난감을 다룬 환상 그림책

의인화된 동물이 나오는 환상 그림책은 동물이 말을 하거나 행동하는 그림책이다. 대표적인 예로 베아트릭스 포터의 『피터 토끼 이야기』, 윌리엄 스타이그의 『치과의사 드소토 선생님』, 베르너 홀츠바르트의 『누가 내 머리에 똥 쌌어?』, 프란츠 브란덴베르크의 『나도 아프고 싶어!』 등이 있다.

동물 외에 사물이나 장난감을 의인화한 환상 그림책도 있다. 무생물을 의인화하여 사람처럼 사고하면서 말하고 느낄 수 있는 창조물이 등장하는 그림책이다. 대표적인 예로 이영경의 『아씨방 일곱 동무』, 레오 리오니의 『알렉산더와 장난감 쥐』, 앨런 밀른의 『곰돌이 푸』 등이 있다. 『알렉산더와 장난감 쥐』는 장난감 태엽 쥐를 의인화하였고 『곰돌이 푸』는 곰돌이 인형을 의인화하였다.

『아씨방 일곱 동무』
이영경 글·그림. 비룡소. 1998

『알렉산더와 장난감 쥐』
레오 리오니 글·그림. 김난령 역. 시공주니어. 2019

환상 그림책의 유아교육의 가치를 살펴보면 다음과 같다.

첫째, 유아에게 기쁨을 준다.

둘째, 유아의 상상력을 발달시키며 동화에 빠지도록 격려한다.

셋째, 인간의 행동과 문제에 대한 통찰력을 기른다.

넷째, 주인공과의 동일시를 통해 심리적인 안정감을 얻는다.

다섯째, 환상적인 세계와 현실 세계의 구분을 명확하게 해 준다.

4. 사실 그림책

사실 그림책은 현재 세계에 사는 사람들의 생활 경험을 소재로 한 이야기로, 현실에서 일어날 수 있는 것을 다루고 있다. 사실 그림책은 동시대의 또래 유아 주변에서 일어날 수 있는 이야기를 다루어 유아가 동일시하기 쉽다. 즉, 유아는 마치 자신이 등장인물인 것처럼 느껴 감정이입을 하기 쉽다.

유아는 사실 그림책을 통해 다른 유아도 자신처럼 기뻐하고, 슬퍼하고, 두려워하며, 문제에 부딪히고, 갈등한다는 것을 깨닫게 된다. 또한 등장인물을 통해 자신의 문제를 극복할 용기와 힘을 가지게 된다.

1) 사실 그림책의 특징

① 등장인물은 실제 사람과 같이 행동하며 유아의 생각이나 활동과 비슷하게 제시된다.

② 사실 그림책은 유아에게 일상적으로 일어나는 문제와 가정이나 현대사회 이슈를 다루고 있다.

③ 사실 그림책은 등장인물과 사건이 상상에 근거하지 않고 유아가 처해 있는 삶의 현실을 배경으로 펼쳐진다.

④ 사실 그림책의 관점은 주인공의 생각과 감정을 이해할 수 있도록 일인칭 주인공 시점을 취하고 있다.

⑤ 사실 그림책 속 등장인물의 대화는 그 주위 환경에 적합한 현재 사용하는 언어가 반영된다.

⑥ 사실 그림책은 현실적으로 일어날 수 있는 갈등 처리에 목적이 있기 때문에 이야기의 구성은 해결할 문제나 갈등에 초점을 맞춘다.

2) 사실 그림책의 유형

사실 그림책은 주제나 내용이 다양해 유아에게 다양한 경험을 직·간접적으로 제공한다. 사실 그림책의 유형을 분류하면 다음과 같다.

(1) 내적 세계 그림책

유아의 발달 특성상 생기는 내적 세계를 다룬 이야기로, 유아가 등장인물에 감정이입을 하면서 문제 극복에 도움을 주게 된다. 내적 세계를 다룬 생활 그림책으로는 『휘파람을 불어요』, 『떨어질까 봐 무서워』가 있다. 『휘파람을 불어요』에서 피터는 강아지 윌리를 휘파람으로 불러 보고 싶어서 휘파람 부는 연습을 해 보지만 쉽지 않다. 그러나 결국 피터는 휘파람을 불 수 있게 되고 윌리를 휘파람으로 부른다. 『떨어질까 봐 무서워』에서 험티덤티는 담벼락에서 떨어져 용기를 잃다가 다시 담벼락 올라가기에 성공하면서 두려움을 극복하게 된다. 작은 실패 후 두려움을 가지는 유아에게 용기를 주는 이야기이다.

『휘파람을 불어요』
에즈러 잭 키츠 글·그림. 김희순 역. 시공주니어. 1999

『떨어질까 봐 무서워』
댄 샌탯 글·그림. 김영선 역. 위즈덤하우스. 2019

(2) 가족 세계 그림책

가족 세계를 다룬 생활 그림책은 현실에서 일어나는 가족관계에서 경험할 수 있는 사랑, 행복, 슬픔을 이야기로 다루고 있다. 토미 드 파올라의 『오른발, 왼발』은 할아버지와 손자 사이의 훈훈한 사랑을 담은 그림책으로, 병에 걸린 할아버지에 대한 사려 깊은 묘사를 보여 주고 있다. 『아가야, 안녕?』은 아이를 낳는 과정을 온 가족이 함께 지켜보는 과정을 통해 생명 탄생의 기쁨과 가족의 사랑을 다루고 있다.

『오른발, 왼발』
토미 드 파올라 글 · 그림. 정해왕 역. 비룡소. 1999

『아가야, 안녕?』
제니 오버렌드 글 · 줄리 비바스 그림. 김장성 역. 사계절. 2000

(3) 사회적 세계의 그림책

유아는 사회의 변화에 따른 이혼, 재혼, 전쟁, 장애, 사고, 죽음, 성폭력 등 다양한 일을 직간접적으로 접하게 된다. 이러한 일들에 관해 유아는 호기심을 가지고 알고 싶어 한다. 유아는 그림책의 주인공을 통해 갈등을 간접적으로 경험할 수 있으며, 이러한 문제를 이해하게 되고 감정을 해소하여 유아에게 도움을 준다.

배빗 콜의 『따로 따로 행복하게』는 부모의 갈등으로 인한 이혼을 유아가 자연스럽게 받아들일 수 있게 하는 그림책이다. 앤서니 브라운의 『특별한 손님』은 아빠와 단둘이 살고 있던 케이티가 어느 날 오게 된 새엄마와 그의 아들로 인해 정서적 혼란을 느끼는 모습을 담고 있다. 이 그림책은 아빠의 재혼을 바라보는 아이의 시각을 다루고 있다. 아네테 블라이의 『슬픈 란돌린』은 어린이 성폭력을 다룬 그림책으로, 성폭력에 대한 예방과 참된 용기를 알게 해 준다.

그림책은 유아가 자기 자신에서 시작하여 다른 사람, 생명과 환경, 타문화에 대한 존중으로 점차 넓혀 생각하고 다양한 배려를 실생활에 실천하도록 격려한다(김유진 외, 2019). 따라서 장애인을 비롯한 다양한 생활이나 문화에 대한 이해를 돕기 위한 인권, 평화, 다문화 등이 그림책 주제로 다루어지고 있다.

아오키 미치요의 『민수야 힘내!』는 장애가 있는 아이에 대한 이해를 돕고, 장애인과 더불어 살아가는 세계를 유아에게 제시하는 책이다. 시각 장애아를 위한 점자책이지만, 정상아의 장애인에 대한 인식도 향상할 수 있다. 캐런 카츠의 『살색은 다 달라요』, 선현경의 『이모의 결혼식』은 다문화의 이해를 돕는 그림책이다. 『살색은 다 달라요』는 사람마다 각자의 피부색을 가지고 있으며 유아에게 서로 다른 피부색의 아름다움을 발견할 수 있도록 한다. 『이모의 결혼식』은 결혼식 문화를 통해 서로 문화가 달라도 가족이라는 유대감을 발견할 수 있도록 한다.

캐럴 보스턴 위더포드의 『콩고 광장의 자유』는 혹독한 노동에 시달렸던 미국의 노예들이 일요일 반나절만큼은 콩고 광장에 모여 노래하고 춤추고, 음악을 연주했던 실화를 바탕으로 한 그림책으로, 자유의 의미를 발견할 수 있다.

『슬픈 란돌린』
카트린 마이어 글 · 아네테 블라이 그림.
허수경 역. 문학동네어린이. 2003

『살색은 다 달라요』
캐런 카츠 글 · 그림. 신형건 역.
보물창고. 2011

(4) 자연환경 그림책

자연환경을 다룬 그림책은 봄, 여름, 가을, 겨울에 따른 계절의 변화와 동식물의 특성과 변화를 알게 한다. 그리고 자연이 지니는 아름다움과 자연을 어떻게 지켜야 하는지를 유아에게 느끼게 한다. 윤구병의 『심심해서 그랬어』는 더운 여름, 부모님이 일하러 가신 후 심심해진 돌이가 가축을 풀어 주어 채소밭이 엉망이 되는 이야기이다. 여름의 농촌 풍경과 집짐승, 채소 등에 관한 글과 그림은 자연에 대한 유아의 호기심을 충족시켜 줄 수 있다.

이명희의 『밤섬이 있어요』는 철새와 물고기의 낙원인 밤섬의 풍경을 보여 주며 자연을 생각하는 마음을 길러 줄 수 있는 그림책이다. 유키코 노리다케의 『형제의 숲』은 숲속 적당한 곳에 자리를 잡고 형제가 집을 짓는 과정에서 전혀 다른 결말을 보여 주는 그림책이다. 한 사람은 자연을 해치지 않고 집을 짓고 한 사람은 집 주변을 거대한 도시로 탈바꿈시키는 과정을 통해 유아에게 자연을 어떻게 지켜야 하는지 알려 준다.

유아는 자연환경과 그들이 겪은 사건들을 연결하면서 자연에 관해 배우고, 자연을 탐구하며 환경을 보호해야 하는 필요성을 알게 된다.

『심심해서 그랬어』
윤구병 글 · 이태수 그림. 보리. 1997

『밤섬이 있어요』
이명희 글 · 김명길 그림. 마루벌. 2002

사실 그림책의 가치 및 교육적 기능은 다음과 같다.

첫째, 사람이 살아가는 삶을 이해하도록 도와준다.

둘째, 현실적으로 가능한 이야기이며, 같은 또래의 비슷한 경험을 다루기 때문에 다른 유아도 자신처럼 기뻐하고, 슬퍼하고, 두려워하며, 문제에 부딪히고, 갈등한다는 것을 알게 된다.

셋째, 동화 속 내용이 유아가 가진 문제와 비슷할 때, 유아에게 심리적 안정감을 줄 수 있다.

넷째, 개성의 중요성을 배우도록 해 주며 독창성을 길러 줌과 동시에 전형적인 인간으로부터 자유로울 수 있도록 도와준다.

다섯째, 현실에서 경험할 수 없는 다양한 사건을 간접적으로 체험함으로써 풍부한 경험을 갖게 한다.

여섯째, 주인공이 해결해 나가는 과정을 경험함으로써 현실을 극복할 수 있는 용기와 문제 해결력, 자신감을 불러일으키도록 격려한다.

일곱째, 유아가 삶은 반드시 따뜻하고 안전하지만은 않다는 사실을 알게 된다.

5. 정보 그림책

정보 그림책은 이야기보다는 정확한 사실과 정보를 전달하기 위한 그림책이다. 정보 그림책은 상상이나 비현실적인 존재에 대한 소재보다는 대상이나 사물에 관한 정보와 지식을 주는 책이다.

1) 정보 그림책의 특징

유아를 위한 정보 그림책에는 수, 글자, 색, 모양 등의 단순한 개념책(concept book)과 전문적 지식에 기반을 둔 정보책(informatiomal book)이 있다.

정보 그림책은 유아가 흥미를 보이는 대상에 대한 다양한 사실과 정보를 제공함으로써 유아의 호기심을 충족해 준다. 또한 좋은 정보 그림책은 유아에게 정확한 사실을 전달함으로써 유아의 개념 발달을 확장시킬 수 있다.

2) 정보 그림책의 유형

(1) 개념 정보 그림책

유아에게 숫자, 글자, 색깔, 모양 등의 단순한 개념을 알려 주는 그림책(concept book)이다. 알프 프로이셀의 『10까지 셀 줄 아는 염소』는 숫자를 아는 염소가 1에서 10까지의 수를 다른 동물들에게 세어 주며 일어나는 이야기이다. 이러한 그림책은 이야기를 통해 유아에게 수와 수학적 개념을 이해할 수 있게 한다. 『훈민정음 ㄱㄴㄷ』은 사물의 그림을 통해 글자의 자음을 알 수 있는 그림책이다.

『10까지 셀 줄 아는 아기염소』
알프 프로이셀 글 · 하야시 아키코 그림. 고향옥 역.
한림출판사. 1999

『훈민정음 ㄱㄴㄷ』
노정임 글 · 안경자 그림.
웃는돌고래. 2011

(2) 전문적 지식의 정보 그림책

전문적 지식에 기반을 둔 정보 그림책(informatiomal book)은 교통기관, 동식물, 우리 몸, 환경, 성, 문화 등 다양한 전문 지식을 전달하는 그림책이다. 니콜라 레만의 『용감한 소방차 삐뽀』는 소방차가 하는 일이 어떤 일인지를 알려 주며, 이은정의 『누구일까? 식물 친구 2: 꽃과 나무』는 주변의 꽃과 나무의 식물 도감을 퀴즈 형식으로 재미있게 구성한 정보 그림책이다. 피터 브라운의 『호기심 정원』은 아름다운 정원에 대한 호기심을 통해 다양한 식물과 자연의 위대함을 느낄 수 있게 한다.

케이트 로언의 『얍, 감기야 덤벼라!』는 우리의 몸이 왜 감기에 걸리는지, 어떻게 감기를 이길 수 있는지 등에 관한 이야기를 통해 우리 몸에 대한 정보를 제공해 준다. 토마스 로커의 『온 세상 물의 왈츠』는 유아에게 주변의 물이 어떻게 사용되는지 알려 줌으로써 물의 소중함과 환경 감수성 정보를 전달한다. 존 버닝햄의 『야, 우리 기차에서 내려』는 환경을 보호하기 위해서 우리가 어떻게 해야 하는지에 관한 내용을 제공하고 있다.

『온 세상 물의 왈츠』
토마스 로커 글·그림. 상정아 역. 마루벌. 2002

6. 글 없는 그림책

글 없는 그림책은 글 없이 그림으로만 내용이 전개되는 그림책이다. 즉 그림을 통하여 유아가 자기가 느끼는 대로 상상하여 이야기를 만들어 가는 책이다.

1) 글 없는 그림책의 특징

글 없이 그림으로만 전개되므로 이야기의 전개는 무궁무진하며 유아의 창의력과 상상력을 키우는 것에 도움을 준다. 글 없는 그림책은 글자를 모르는 유아도 부담 없이 볼 수 있으며, 이야기 전개를 유아가 마음껏 재구성할 수 있다. 글 없이 그림만으로도 한 아이의 외로움, 기다림, 기대, 사랑, 기쁨을 느낄 수 있게 한다. 글 없는 그림책은 세부적인 그림 묘사와 색을 통해 주인공에 대한 심리 묘사와 줄거리를 나타낸다. 예를 들어 이수지의 『파도야 놀자』는 하얀색과 파란색만을 사용해 주인공의 심리를 역동적으로 담아내고 있다.

2) 글 없는 그림책의 유형

글 없는 그림책의 유형으로는 스토리가 있는 글 없는 그림책, 개념이 들어 있는 글 없는 그림책, 상상의 요소가 들어 있는 글 없는 그림책이 있다. 글 없는 그림책의 유형은 다음과 같다(김정원 외, 2023).

(1) 스토리가 있는 글 없는 그림책

스토리가 있는 글 없는 그림책은 글이 있는 그림책처럼 문학적인 요소를 다 가지고 있으면서 글 없이 그림으로만 표현한 것이다. 따라서 그림만을 가지고 상상력을 이용해 이야기를 추론해야 한다. 예를 들어 아서 가이서트의 『꿀!』은 엄마 돼지가 잠든 사이에 모험하는 아기 돼지 이야기를 '꿀'이라는 한 단어를 사용해 전개한다. 뭔가를 열심히 궁리하고, 또 뭔가를 열심히 의논하는 아기 돼지에 대한 그림은 있으나 글자로 된 설명은 없다.

(2) 개념이 들어 있는 글 없는 그림책

개념이 들어 있는 글 없는 그림책은 지식이나 정보보다 사실적인 그림을 전달하는 것에 초점을 두고 있다. 예를 들어 스테란 T. 존슨의 『알파벳 도시』는 사진을 보며 사진 안에 숨어 있는 알파벳을 찾는 형식의 책이다. 시각적 이미지가 글보다 정보를 더 쉽게 찾게 하므로 유아는 알파벳을 학습하는 것보다는 그림 속의 알파벳 찾는 것이 더 쉽게 느끼게 한다.

(3) 상상의 요소가 들어 있는 글 없는 그림책

상상의 요소가 들어 있는 글 없는 그림책에는 『노란 우산』, 『머나먼 여행』, 『파도야 놀자』, 『혼자가 아닌 날』 등이 있다. 류재수의 『노란 우산』은 노란 우산을 받쳐 든 아이가 집을 나서면서 만나는 색색의 우산들의 이야기를 그리고 있다. 애런 베커의 『머나먼 여행』은 마법의 펜을 발견한 소녀가 벽에 문을 그리고 환상의 세계로 떠나가는 이야기로 전개되는 그림책이다. 이수지의 『파도야 놀자』는 바닷가에 놀러 온 소녀가 새로운 친구인 파도를 만나면서 느끼는 심리 변화를 역동적으로 그려 내는 그림책이다. 구오징의 『혼자가 아닌 날』은 부모가 일하러 나간 후 버스를 타고 할머니 댁을 가다가 길을 잃은 아이가 낯선 길에서 신비한 동물 친구들을 만나고, 구름 위를 마음껏 뛰어놀며 특별한 하루를 보내게 되는 이야기이다.

『혼자가 아닌 날』
구오징 그림. 미디어창비. 2016

7. 주제별 그림책

유아에게 감동을 주는 좋은 그림책은 유아의 정서와 발달에 도움을 준다. 교사가 좋은 그림책을 선정하여 배치하는 것은 유아 지도에 직접적인 영향을 주기에 중요하다. 다음은 유아에게 도움이 되는 데 적용되는 주제별 그림책이다.

1) 나

'나'에 관한 주제는 유아가 자기 신체와 성장에 대한 경험을 통해 정서와 자아 개념의 발달에 도움을 주는 내용을 포함한다.

『알과 암탉』
옐라 마리, 엔조 마리 그림. 시공주니어. 2006

『알과 암탉』은 암탉이 알을 품고 병아리가 되고, 다시 닭이 되는 과정을 보여 준다. 암탉이 알을 품어 정성을 다해 부화할 수 있게 하고, 병아리가 건강하게 성장할 수 있도록 지원하는 암탉의 세심함이 잘 드러나 있다.

『다람이네 텃밭의 못난이 축제』
나나 글 · 그림. 빨간콩. 2021

『다람이네 텃밭의 못난이 축제』는 생김새가 달라도 저마다 매력을 가지고 있음을 알려 준다. 외모가 이쁘다고 과일 야채가 맛있는 것은 아니다. 비바람에 떨어진 단단한 사과, 울룩불룩 혹 달린 고구마, 알록달록 파프리카, 울퉁불퉁 딸기, 구멍 뚫린 달콤한 복숭아 등 생김새는 달라도 매력이 있는 과일과 채소를 만날 수 있다.

『잘한다 자란다』
김수정 글 · 연두콩 그림. 빨간콩. 2021

『잘한다 자란다』는 혼자 힘으로 성장을 시작하는 아기의 사랑스러운 모습을 담고 있다. 스스로 밥을 먹고, 배변을 하고, 걸음마를 시작하고, 데굴데굴 구르고... 혼자 힘으로 성장을 시작하는 아기의 사랑스러운 모습을 만나 볼 수 있다.

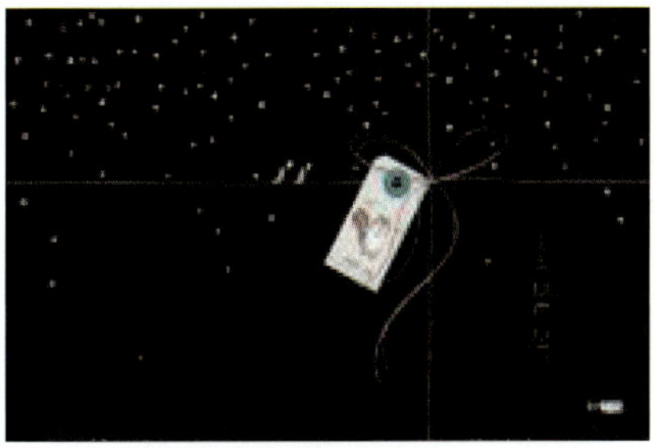

『촛불책』
경혜원 글 · 그림. 웅진주니어. 2020

『촛불책』은 생일 축하 과정을 이미지로 시각화한 그림책이다. 독자들이 직접 입바람을 후 불어 초를 끄고 동물 친구들에게 생일 축하를 받는 듯하다. 상호작용적 그림책으로 온몸으로 책을 경험할 수 있다.

『문 밖에 사자가 있다』
윤아해 글 · 조원희 그림. 뜨인돌어린이. 2023

『문 밖에 사자가 있다』는 누구나 공감할 두려움과 용기에 관한 이야기이다. 문밖에 어떤 위험이 도사리고 있는지는 나가 봐야 알 수 있다. 두려움에 반응하는 두 어린이의 마음을 단순한 형태이지만 대비되는 색을 통해 잘 보여 준다.

2) 가족

유아가 가족 안에서 가족의 의미와 가족 구성원으로서의 자신을 이해하고 소중히 여기는 태도의 내용을 포함한다.

『왔어요 왔어요!』
윤순정 글·그림. 오늘책. 2021

『왔어요 왔어요!』는 봄이 온 것처럼, 아이에게 새로운 가족, 동생이 온 이야기이다. 새싹이 돋는 봄에 나비가 날아들고 살랑이는 바람 등 모든 것이 좋다. 아이는 동생을 만나러 신나게 달려가고 있다. 두근거리는 마음으로 새 가족과 만나는 사랑스러운 아이를 만나게 된다.

『커다란 비밀 친구』
경혜원 글·그림. 창비. 2022

『커다란 비밀 친구』는 병상에 누워 있는 엄마를 돌보면서 만난 환상 친구와의 찬란한 우정을 그리고 있다. 엄마가 아프고 아빠는 바쁘니 슬픔과 외로움을 홀로 감내해야 하는 아이가 있다. 그러나 스스로 세상에 대한 믿음과 자신을 사랑하는 가족의 마음을 상상 친구를 통해 위로받는다. 사실은 그러한 아이의 모습을 아빠는 다 알고 있다.

『계절의 냄새』
양양 글 · 그림. 노란상상. 2021

『**계절의 냄새**』는 냄새가 품고 있는 순간들에 관한 이야기이다. 냄새는 그때 그 시간의 추억을 품고 있다. 아이는 집에 돌아온 아빠에게 자신이 모아 놓은 냄새에 관한 이야기를 풀어놓는다. 그중 가장 으뜸인 것은 아빠의 냄새이다.

『아빠 쉬는 날』
차야다 글 · 그림. 북극곰. 2019

『**아빠 쉬는 날**』에서 아이는 학교를 마치고 아빠가 쉬는 날에 아빠와 함께 할 시간이 기대된다. 서둘러 집에 가는데, 아빠도 그 마음과 같이 아이를 기다리는지 아이는 궁금하다.

『아빠 셋 꽃다발 셋』
국지승 글 · 그림. 책읽는곰. 2017

『**아빠 셋 꽃다발 셋**』은 아이들이 궁금해하는 평범한 아빠들의 일상에 관한 이야기이다. 회사원, 의사, 택배기사 등 아빠의 직업은 다양하다. 아빠들의 일상은 거창하지 않다. 저녁 시간 아이와의 약속을 지키기 위해 점심시간도 아끼면서 열심히 일한다.

3) 친구와의 우정

유아가 또래와의 관계를 긍정적으로 형성하기 위한 친구에 대한 의미와 협력, 공동체성을 배울 수 있는 내용을 포함한다.

『모모와 토토』
김슬기 글·그림. 보림. 2019

『모모와 토토』에서 모모와 토토는 둘도 없는 친구이다. 모모는 토토가 너무 좋아 무엇이든 주고 싶다. 그러나 토토의 마음은 어떨까? 토토가 무엇을 좋아하는지 헤아려야 한다. 친구가 된다는 것은 서로를 바라보며 수용하는 것이라는 우정에 관한 생각을 하게 된다.

『메리와 생쥐』
비버리 도노프리오 글·바바라 매클린톡 그림.
김정희 역. 베틀북. 2008

『메리와 생쥐』에서 메리와 생쥐는 같은 집에 산다. 우연히 마주쳐 관심을 발견하지만 서로 가까워지지는 못하였다. 각자 독립을 한 후 결혼하여 아이를 낳고 살아간다. 그런데 이들은 또 같은 집에서 살고 있다는 것은 모르고 있다. 그들의 자녀인 샐리와 줄리는 부모와는 다르게 서로에 관한 관심에 적극적으로 다가가 인사를 나눈다. 공통점이 많고 서로를 그리워했으나 시간을 나누지 못했던 메리와 생쥐는 어떤 친구였는지 생각하게 한다.

『수상해』
숫카이 글 · 그림. 창비. 2019

『수상해』를 통해 누군가를 좋아하는 마음이 생긴다는 것은 어떤 것인지를 경험할 수 있다. 호기심 많고 의심도 많은 주인공 아이가 일상에서 이곳저곳이 수상하다고 느낀다. 그러다 자기가 좋아하는 친구를 발견했을 때 가슴이 두근거리며 다가가는 모습이 사랑스럽다.

『파란 아이 이안』
이소영 글 · 그림. 시공주니어. 2017

『파란 아이 이안』은 얼굴에 커다란 파란 점이 있는 아이 이안에 관한 이야기이다. 남과 다르다는 것에만 집중하여 다투기보다 다른 아이들이 만나 새로운 경험을 하게 되면 아이는 변화를 느끼게 된다. 아이들이 지니고 있는 저마다의 색들이 알록달록 아름답게 어우러지는 세상을 꿈꿀 수 있다.

『쉿! 나는 섬이야』
마크 얀센 글 · 그림. 이경화 역.
주니어김영사. 2018

『쉿! 나는 섬이야』에서 아빠와 아이, 강아지는 난파되어 바다 한가운데서 우연히 발견한 섬에 오른다. 오랜 시간 자연을 즐기며 행복하다는 것을 총천연색 색감을 통해 느낄 수 있다. 그런데 이러한 행복이 가능했던 것은 이 가족을 위해 떠 있는 거북이의 마음 때문이다. 기꺼이 가족을 위해 섬이 되어준 거북이의 마음을 느껴 볼 수 있다.

4) 동식물

유아가 다양한 동식물에 대한 이해와 생명의 소중함과 자연과 더불어 살아가는 공존의 의미와 중요성을 알 수 있는 내용을 포함한다.

『조용한 밤』
한성민 글·그림. 사계절. 2018

『**조용한 밤**』에서 조용하고 느리게 움직이는 동물들의 모습을 통해 한밤의 풍경과 어우러진 고요하고 평화로운 분위기를 느낄 수 있다. 태양의 열기가 사그라든 한밤에 물을 마시기 위해 아프리카의 워터홀로 하나둘 모여드는 동물들의 이야기를 담고 있다.

『엄마의 노래』
이태강 글·그림. 달그림. 2023

『**엄마의 노래**』는 새끼를 낳고 길러내는 혹등고래를 통해 바다를 보여 준다. 불법 고래잡이로 인해 엄마 고래는 아기 고래와 헤어지게 되는데, 새끼를 지켜내려는 어미의 마음이 느껴진다.

『덩쿵따 소리 씨앗』
이유정 글·그림. 느림보. 2013

『**덩쿵따 소리 씨앗**』은 나비, 식물의 한살이 등 생명의 순환을 장구의 장단을 통해 보여 준다. 생명의 에너지를 신명나게 느낄 수 있다.

『나는 사자』
경혜원 글 · 그림. 비룡소. 2021

『나는 사자』는 새끼를 낳아 무리를 지키며 늠름한 사자로 키워내는 암사자의 위엄을 보여 준다. 사자라고 하면 수사자만을 생각하는 편견을 깨뜨리고 암사자를 통한 사자의 삶을 보여 준다.

『근육 아저씨와 뚱보 아줌마: 호수』
조원희 글 · 그림. 사계절. 2022

『근육 아저씨와 뚱보 아줌마』는 우락부락하고 거대한 외모와 다르게 자연과 세심한 보살핌으로 자연스럽게 살아가는 모습을 보여 준다. 근육 아저씨와 뚱보 아줌마는 숲에서 평화롭게 살아가고 있다. 근육 아저씨는 울룩불룩한 근육에 새들 무등 태워 주는 것을 좋아한다. 또한 다친 아기 새를 치료해 주고 얼른 날 수 있도록 날기 연습을 도와준다. 뚱보 아줌마는 물에 빠진 개미를 건져 주거나 물고기 간지럽히는 것을 좋아한다.

『우리, 집』
진주 글 · 진경 그림. 고래뱃속. 2022

『우리, 집』은 동물원에서 안전하고 풍족하게 살아가고 있는 동물들에 관한 이야기이다. 동물원에 사는 동물들의 생활이 정말 편안한 것인지 생각하게 한다. 동물들의 집은 좁은 우리에 둘러싸인 동물원이 아니라 자연임을 알 수 있다.

『배추흰나비 알 100개는 어디로 갔을까?』
권혁도 글 · 그림. 길벗어린이. 2015

『배추흰나비 알 100개는 어디로 갔을까?』는 배추흰나비가 낳은 알 100개의 성장과 죽음을 비교적 화면 구성으로 잘 보여 준다. 알이 부화하여 나비가 되는 여정에서 다양한 위험에 처해 죽게 되고 마지막 한 개의 알만이 나비로 무사히 살아남는다.

5) 자연 계절

우리를 둘러싸고 있는 봄, 여름, 가을, 겨울 사계절의 변화와 자연에 대한 아름다움을 느낄 수 있는 내용을 포함한다.

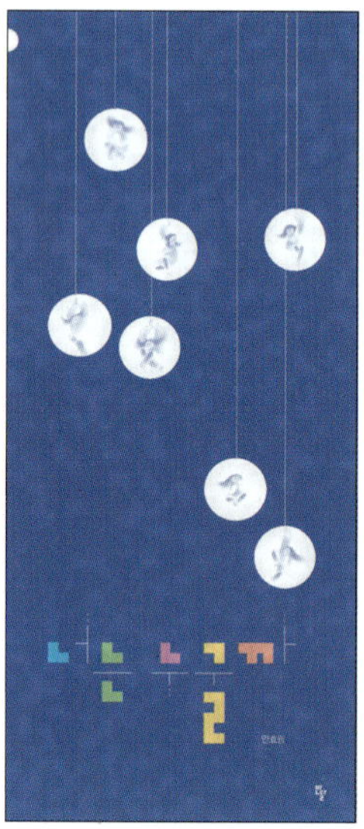

『너는 누굴까』
안효림 글 · 그림. 반달. 2017

『너는 누굴까』는 빗방울 떨어지는 모습을 아이들이 줄을 타고 내려와 노는 모습으로 표현하고 있다. 한 아이가 가느다란 줄을 타고 내려온다. 이어서 여러 명의 아이들이 아래로 뛰어내린다. 아이들은 높이 솟았다가 아래로 떨어지며 신나게 논다. 과연 이 아이들은 누구일까?

『맴』
장현정 글 · 그림. 반달. 2015

『맴』은 매미가 우는 소리를 통해 여름의 느낌을 잘 보여 준다. 숲속을 가득 채우는 매미 소리는 우리에게 여름이 왔음을 알게 한다.

『밤의 소리』
다무라 시게루 글 · 그림. 소라 역.
현암주니어. 2020

『밤의 소리』는 어둠이 내려온 밤에 느낌을 경험하게 한다. 연못가를 지나면 할아버지 댁이다. 할아버지 댁에 가는 길에는 다양한 자연의 소리가 들린다. 전반적인 배경에 깔린 푸르른 색은 밤의 느낌을 듬뿍 느끼게 한다.

『여름 소리』
박선정 글 · 그림. 풀빛. 2023

『여름 소리』를 통해 다양한 여름의 소리를 경험할 수 있다. 수박 먹는 소리, 빗소리, 물놀이하는 소리 등 다양한 여름 소리를 통해 의성어와 의태어를 배울 수 있다. 우리가 알고 있는 여름에만 들을 수 있는 소리는 무엇이 있는지 찾아볼 수 있다.

『비 오니까 참 좋다』
오나리 유코 글·하타 고시로 그림. 황진희 역.
나는별. 2019

『비 오니까 참 좋다』는 비 오는 날의 느낌을 잘 보여 준다. 한여름 갑작스레 비가 온다. 아이들은 쏴아아아 내리는 비를 흠뻑 맞으며 한여름의 더위를 싹 씻겨 주는 듯하다. 빗소리의 느낌을 잘 전달하는 의성어와 비를 즐기는 아이의 모습을 볼 수 있다.

6) 교통기관

유아가 다양한 교통기관의 종류와 특성, 교통기관의 규칙과 안전을 이해할 수 있는 내용을 포함한다.

『기차를 타요』
구도 노리코 글·그림. 윤수정 역.
책읽는곰. 2018

『기차를 타요』는 다양한 탈것에 대한 즐거움과 여행에 관한 책이다. 펭귄 남매는 기차를 타고 여행을 가기 위해 철저한 준비를 한다. 펭귄 남매가 여행하는 모든 과정을 즐겁게 보여 주고 있다.

『수상한 신호등』
더 캐빈 컴퍼니 글 · 그림. 송태욱 역. 비룡소. 2020

『수상한 신호등』은 탈것이 지켜야 하는 신호등 규칙을 알려 주는 교통안전 그림책이다. 신호등은 우리들이 안전하게 길을 건널 수 있게 한다. 그런데 알록달록 신호등이 등장했다. 과연 자동차는 어떻게 해야 할까?

『얼음땡』
문명예 글 · 그림. 시공주니어. 2022

『얼음땡』은 얼음땡 놀이를 하며 교통규칙을 지키고 양보와 배려의 마음을 배울 수 있는 책이다. 길을 건너기 위해 아이들이 횡단보도 신호등 앞에 섰다. 아이들은 얼음땡 놀이를 하며 신호등이 변하는 것을 살펴본다. 안전하게 길을 건너기 위해서는 신호등의 규칙을 잘 지켜야 한다는 것을 알려 준다.

『나는 지하철입니다』
김효은 글 · 그림. 문학동네. 2016

『나는 지하철입니다』는 지하철역마다 다양한 사람들이 타고 내리는 사람들에 관한 이야기이다. 지하철역은 출근하는 아저씨, 학교 끝나고 학원에 가는 학생, 자녀를 만나러 온 할머니 등 다양한 사람들과 이야기를 만날 수 있는 곳이다.

『힘센차사우루스』
마이클 화이트 글 · 그림. 노은정 역.
주니어RHK. 2018

『**힘센차사우루스**』는 굴착기, 덤프차, 자석차, 크레인, 불도저 등에 공룡을 결합하여 커다란 특수장비차의 특징을 잘 보여 주고 있다.

『달 체험학습 가는 날』
존 헤어 그림. 행복한그림책. 2019

『**달 체험학습 가는 날**』은 우주비행선을 타고 달로 체험학습을 가는 이야기이다. 우주복을 입고 달에 내린 아이들은 이곳저곳을 안내받으며 체험을 즐긴다. 그런데 딴짓하다 홀로 남게 된 아이는 달에 살고 있는 우주인들과 만나게 된다. 아이는 우주인과 그림 그리기를 하며 즐겁게 시간을 보낸다. 그러나 누가 믿어줄까?

7) 인성

유아가 사회 안에서 타인과 더불어 잘 살아가기 위한 성품인 배려, 존중, 나눔, 협력의 역량을 기를 수 있는 내용을 포함한다.

『곰이 강을 따라갔을 때』
리처드 T. 모리스 글 · 르웬 팜 그림.
이상희 역. 소원나무. 2020

『곰이 강을 따라갔을 때』는 숲을 가로지르는 강물을 따라 다양한 짜릿한 모험을 시작한 동물들의 이야기이다. 강은 어디로 흐르는지 궁금해하던 곰이 강물에 빠졌다. 상류에서 하류에 이르기까지 강 주변에는 다양한 동물 친구들이 살아가고 있다. 곰은 통나무배를 타고 내려가며 다양한 동물 친구들을 만난다. 동물들은 서로를 보듬으며 모험을 한다.

『안녕, 판다!』
질 바움 글 · 바루 그림. 이희정 역.
한울림어린이. 2018

『안녕, 판다!』는 판다 스웨터라는 소재를 통해 진정한 나눔의 의미와 공존의 가치를 전하는 그림책이다. 아이는 누군가의 소중한 물건이 새로운 주인을 만나 기쁨을 주는 것을 보고, 나눔으로 사람과 사람이 이어져 있음을 이해하게 된다. 이제 아이는 선뜻 소중한 판다 스웨터를 나눔 상자에 넣는다. 판다 스웨터가 새로운 친구를 만나 행복을 전해 주기를 바라면서.

『무슨 검정이게요?』
김가희 글 · 그림. 국민서관. 2020

『무슨 검정이게요?』는 검정이 부정적인 색이라는 편견을 깨고 아이의 상상으로 바라보는 색으로 표현하고 있다. 도화지 가득 칠한 검정은 까마귀의 자유로운 검정, 구덩이에 빠졌던 코끼리의 용기 있는 검정, 밤하늘의 별처럼 반짝이는 친구의 눈동자 등 다양한 검정이다.

『열 밤 더』
이서영 글 · 그림. 위즈덤하우스. 2023

『열 밤 더』는 성장의 시간을 응원하는 그림책이다. 할머니는 작은 씨앗을 심어 옥수수가 되기까지 정성을 다해 키운다. 주변 동물 친구들은 때때마다 찾아와 먹어도 되는지 묻는다. 그러나 할머니는 자랄 때까지 기다리라고 한다. 동물 친구들은 열 밤 더, 열 밤 더 기다린다. 마침내 잘 여문 노란 옥수수가 주렁주렁 열리고, 모두 모여 즐겁게 나눠 먹는다.

『한밤중 도시에서는』
줄리 다우닝 글 · 그림. 이계순 역. 씨드북. 2023

『한밤중 도시에서는』은 한밤중 도시를 밝히는 사람들의 이야기를 다루고 있다. 모두가 잠든 밤에도 도시 곳곳에서 간호사, 119 상황 근무자, 택시 운전사 등 다양한 직업을 가진 사람들이 자기 위치에서 누군가를 위한 일을 한다.

『형제의 숲』
유키코 노리다케 글 · 그림. 이경혜 역.
봄볕. 2022

『**형제의 숲**』은 우리가 지구를 위해, 아니 우리를 위해 무엇을 해야 하는지 생각하게 한다. 형제는 숲속 적당한 곳에 자리를 잡고 집을 짓는다. 그러나 한 사람은 가능한 한 자연을 해치지 않고 집을 짓고 한 사람은 집 주변을 거대한 도시로 탈바꿈시킨다. 처음 시작은 같았지만, 마지막은 전혀 다른 결말이다.

8) 다문화

유아에게 평등하고 차별이 없는 타인에 대한 존중과 배려심을 가르치고 다른 인종 · 문화에 대해 이해할 수 있는 내용을 포함한다.

『눈을 감아야 보이는 세상』
로저 올모스 글 · 그림. 황지영 역.
한울림스페셜. 2021

『**눈을 감아야 보이는 세상**』은 시각장애인 루치아를 통해 본다는 것이 무엇인지를 생각하게 한다. 모두 조금씩 다르지만, 똑같이 소중하고 똑같은 권리를 가지고 있음을 알게 한다. 시각장애인인 루치아는 냄새로, 소리로, 느낌으로 주변과 만나는 등굣길이 즐겁다. 눈을 감으면, 눈을 뜨고 있을 때는 별로 개의치 않고 지나쳤던 감각들로 세상을 볼 수 있다.

『안녕하세요!』
홀리스 쿠르만 글·바루 그림. 이순영 역.
북극곰. 2022

『안녕하세요!』는 숫자로 배우는 친절과 우정에 관한 그림책이다. 전쟁으로 인해 고향을 등지고 먼 길을 떠나 새로운 터전으로 이주해 온 아이에게 새로운 친구가 생겼다. 새로운 터전에 뿌리내리는 여정을 수 세기 형식으로 보여 준다. 누군가의 작은 친절이 위험에 처한 사람들은 안전하게 지켜 줄 수 있음을 보여 준다.

『살색은 다 달라요』
캐런 카츠 글·그림. 신형건 역.
보물창고. 2011

『살색은 다 달라요』는 사람마다 각자의 피부색을 가지고 있으며, 유아아게 서로 다른 피부색의 아름다움을 발견할 수 있도록 한다. 다인종·다문화시대의 우리 아이들에게 다양한 피부색을 가진 모든 사람은 친구이며 사이좋게 어울려 살아가야 함을 알려 준다.

생·각·열·기

1. '다문화' 주제의 그림책을 찾아보고 주제와 의미에 대해 이야기 나누어 봅시다.

2. '인성' 주제의 그림책을 찾아보고 주제와 의미에 대해 이야기 나누어 봅시다.

3. 다음 전래동요의 빈 칸을 새롭게 바꾸어 불러 봅시다.

두껍아 두껍아

두껍아 두껍아 ○○ 줄게 ○○ 다오
두껍아 두껍아 ○○○ 오너라
두껍아 두껍아 ○○○ 지어 줄게
두껍아 두껍아 너희 집에 불 났다
○○○ 가지고 ○○○○ 오너라

제4장

영유아 발달 특성과 그림책

학습목표

1. 영유아의 발달적 특성을 알고 적합한 그림책의 특성을 이해한다.
2. 영유아의 발달적 특성에 맞는 그림책을 선정할 수 있다.
3. 영유아 연령에 적합한 그림책 선택을 위한 분석적 사고를 갖출 수 있다.

『눈코입』
백주희 글 · 그림. 보림. 2017

1. 영유아 발달과 그림책

그림책은 유아가 자신의 세계를 확장하고 언어, 창의력, 심미적 능력 등을 증진하는 등 전인적 발달을 도모할 수 있는 경험을 제공한다. 좋은 그림책은 유아에게 흥미를 유발하며, 상상력을 증진하고 그림책을 읽는 과정에서 감동과 즐거움을 준다. 유아에게 좋은 그림책 경험은 즐거움과 슬픔, 현실 세계에 대한 경험과 이해를 통해 자신의 세계를 확장하게 한다. 따라서 그림책은 유아에게 세상에 대한 이해를 넓히고 새로운 생각과 접근을 하게 한다.

유아는 그림책의 환상적인 이야기를 들으며 상상력을 발휘하여 새로운 시선으로 창작하는 창의성이 발달하게 된다. 예를 들어 모리스 샌닥의 『괴물들이 사는 나라』는 주인공 맥스가 괴물 나라의 왕이 되어 괴물들과 소동을 벌이며 즐겁게 지내는 이야기이다. 유아는 공간 이동과 괴물이라는 가상의 인물을 통해 상상력을 키울 수 있다. 이처럼 그림책의 환상적인 이야기는 유아의 잠재된 상상력과 공상력을 확장한다.

그림책의 등장인물을 만나는 사건이나 경험은 다른 세계나 타인에 관한 이해를 키우게 된다. 데이빗 섀논의 『줄무늬가 생겼어요』는 몸에 줄무늬가 생기는 병에 걸린 카밀라가 자신이 좋아하는 아욱콩을 먹고 병이 나은 이야기이다. 카밀라 이야기는 남의 시선보다 자신을 솔직하게 표현하는 게 중요함을 가르쳐 준다. 이처럼 그림책은 자신의 정서나 생각을 표현하게 하므로 사회성 발달과 정서 발달을 하게 한다.

유아는 그림책을 통해 현실에서는 경험하지 못한 세계를 이해할 수 있다. 레오 리오니의 『알렉산더와 장난감 쥐』는 진짜 쥐와 가짜 쥐의 만남과 우정을 다룬 이야기로, 존재하지 않는 초현실적인 인물을 매우 구체적으로 꾸민 이야기이다.

유아는 그림책을 읽으면서 읽기, 쓰기, 말하기, 듣기의 언어 발달을 하게 된다. 그림책을 보면서 그 속의 내용을 이해하기 위해 자신이 가지고 있는 배경지식을 총동원하고 이야기를 해석하거나 내용을 꾸민다. 이러한 과정을 통해 자연스럽게 글의 의미, 이야기의 맥락에 대한 이해를 익히게 된다. 또한 그림책의 아름다운 언어와 그림의 표현은 유아에게 아름다움을 느끼고 감상하고 즐기는 태도를 기르게 한다. 그러므로 어렸을 때부터 꾸준히 좋은 그림책을 경험하게 하는 것은 유아의 예술적인 감각과 감상력을 길러 준다.

그림책을 통한 다양한 활동과 경험은 유아의 신체, 언어, 사회, 정서, 인지 등 다양한 발달을 촉진하고 바르게 살아가는 전인적인 인간으로 성장 발달하게 한다.

1) 그림책과 신체 발달

그림책은 단순히 유아가 읽는 경험만 하는 것이 아닌, 그림책을 읽으면서 느끼는 다양한 감정을 표현할 수 있어야 한다. 유아는 그림책 내용 속의 동작적 요소와 극적인 요소를 신체적 움직임으로 표현할 수 있다. 이와 같은 신체적 표현은 영유아의 신체 발달에 영향을 준다. 즉 그림책에 나오는 사물을 표현하거나 동물의 모습을 흉내 내는 것은 행동과 신체의 조절과 균형감을 가지게 한다. 예를 들어 괴물이 나오는 동화를 읽으면서 괴물의 걸음걸이나 모습을 흉내내면서 신체의 강약을 조절하거나 리듬을 탈 수 있다. 또한 그림책 동요에 맞추어 율동을 따라 할 수도 있다.

그림책 속에 등장하는 등장인물의 행동을 따라 하거나 연출하여 구성하는 것은 그림책 내용의 의미와 행동을 유아가 연결하여 이해할 수 있게 한다. 그림책 내용을 활용하여 게임을 하거나 협동 놀이를 하는 것도 유아의 신체 발달에 도움을 준다. 이러한 신체적 활동과 함께 그림책은 유아 자신의 신체 발달 변화의 이해와 호기심을 충족하게 한다. 신체 발달에 도움을 주는 그림책은 다음과 같다.

『나는 미끄럼틀이 좋아』
스즈키 노리타케 글 · 그림. 권영선 역.
내일도맑음. 2021

『나는 미끄럼틀이 좋아』는 각양각색의 다양한 미끄럼틀을 보며 주면서 실제로 미끄럼틀을 타는 것과 같은 기분을 느끼게 한다. 실외놀이터에서 미끄럼틀을 타 본 사전경험과 연결해 실내에서 신체놀이 활동으로 확장할 수 있다.

『작은 배가 동동동』
김성은 글 · 윤미숙 그림. 시공주니어. 2020

『작은 배가 동동동』은 작은 웅덩이에서 여행을 시작한 배가 빗물을 타고 여러 곳을 떠다니다 다시 제자리로 돌아오는 이야기이다. 동동동 떠다니는 작은 배를 따라 여행하는 경험을 할 수 있다. 연계활동으로 '종이배 접기'와 '종이배 나르기 게임'과 같은 활동을 할 수 있다.

2) 그림책과 언어 발달

그림책은 작가에 의해 신중하게 선택하여 정리된 언어와 아름다운 그림이 담겨 있다. 따라서 유아는 그림책을 통해 아름답고 풍부한 언어 세계를 경험할 수 있으며 모국어에 관한 이해를 하게 된다.

그림책은 이야기가 있는 그림으로 된 책이며, 그림이 많고 글로 된 본문은 유아가 읽기 쉽고 본문과 그림이 한 편의 시처럼 잘 혼합된 책이다. 유아는 그림책의 이야기를 들으면서 낱말과 문장을 이해하고 말과 글의 대응, 어휘 습득, 사물에 대한 개념, 이야기 구조와 문법을 이해하게 된다(김정규 외, 2000).

그림책은 총체적 언어교육 및 영유아의 언어 발달에 영향을 준다. 유아는 그림책을 읽는 경험을 통해 자연스럽게 읽기, 쓰기, 말하기, 듣기 활동을 할 수 있다. 또한 그림책의 단어나 글자를 통해 의성어나 사물의 명칭을 배우며 다양한 삽화를 통해 이야기의 내용을 이해하고 꾸밀 수 있다.

글 없는 그림책은 그림을 토대로 교사와 유아가 상호작용을 하면서 이야기 전개를 통해 언어를 배울 수 있다. 언어 발달에 도움을 주는 그림책은 다음과 같다.

『똑똑 누구야 누구?』
엄혜숙 글 · 배현주 그림. 웅진주니어. 2021

『똑똑 누구야 누구?』는 주변에서 흔히 볼 수 있는 친근감 있는 동물들을 등장시켜 쉽고 단순한 리듬감 넘치는 의성어와 의태어를 배울 수 있다. 또한 다양한 형용사와 운율감 넘치는 반복 어구를 사용해 그림책 읽는 즐거움을 경험할 수 있다.

『곰 사냥을 떠나자』
마이클 로젠 글 · 헬린 옥슨버리 그림. 공경희 역. 시공주니어. 1994

『곰 사냥을 떠나자』는 유아가 직접 따라 말하며 동작을 할 수 있는 리듬감 넘치는 문장을 사용하고 있다. 반복적인 후렴구에서 의성어의 활자 크기가 처음에는 작았다가 점점 더 커진다. 이를 통해 유아가 재미있게 의성어를 배울 수 있다.

『옛날옛날에 파리 한 마리를
꿀꺽 삼킨 할머니가 살았는데요』
심스 태백 글·그림. 김정희 역. 베틀북. 2000

『옛날옛날에 파리 한 마리를 꿀꺽 삼킨 할머니가 살았는데요』는 다양한 사물의 삽화 구성과 함께 내용이 전개된다. 유아는 매 장마다 사라지는 동물의 삽화와 이야기에 재미를 느끼면서 단어를 배울 수 있다.

3) 그림책과 사회성 발달

영유아는 사회성이 발달하면서 자기중심적인 세계에서 타인과 자신이 속한 사회를 이해하게 된다. 그림책은 영유아의 사회성 발달을 위하여 적절하게 활용될 수 있다. 즉 유아는 그림책을 통해 인간관계, 살아가는 태도, 선과 악에 대한 보편적인 윤리의식, 정서적 안정감, 사회적 관계, 다른 사람의 생활과 경험, 느낌을 공감한다(정남미, 2006). 유아는 그림책을 읽으면서 여러 가지 인간 문제인 기후, 평화적 갈등, 환경보호를 간접적으로 경험하며, 그것을 자신의 감정이나 삶에 연관시켜 자신과 타인을 존중하는 태도를 형성하게 한다.

영유아는 그림책을 통해 사회적 가치를 인식할 수 있으며, 공동체와 더불어서 살아가는 방법을 익힐 수 있다. 그림책을 읽으면서 자신의 경험과 연결해 자신에 대한 존중감이나 또래 유아나 가족에게 말하고 행동하는 것을 깨닫는다. 그림책의 주인공이 경험하는 사건이나 갈등을 통한 선택의 결과를 보기 때문이다. 즉 그림책의 이야기를 통해 부모와 자녀의 관계, 또래와의 관계, 자아 주체성의 개념을 인식하게 되는 것이다. 이러한 인식은 영유아의 사회적 발달과 사회적 지식의 습득을 하게 한다. 사회성 발달에 도움을 주는 그림책은 다음과 같다.

『나, 또 혼났어!』
카트린 돌토, 콜린 포르푸아레 글·
조엘 부셰 그림. 이세진 역. 비룡소. 2007

『**나, 또 혼났어!**』는 유아가 실수할 때 느끼는 감정과 혼날 때 느끼는 두려움에 관해 이야기하고 있다. 다른 사람과의 교류에서 발생하는 화, 질투, 거짓말과 같은 사회적 감정을 유아의 경험한 내용을 근거로 전달함으로써 유아 스스로 자신의 감정과 행동을 이해하게 한다.

『프레드릭』
레오 리오니 글·그림. 최순희 역. 시공주니어. 1999

『**프레드릭**』은 독립된 자아 주체로 자신을 인식하게 하는 주도성이 담긴 그림책이다. 이 그림책은 자기 주도성이 발달하기 시작하는 유아기에 자신의 주체성과 긍정적인 자아 개념을 가질 수 있도록 한다.

『물끄러미』
덩컨 비디 글·그림. 김은재 역. 키즈엠. 2016

『**물끄러미**』는 친구들을 피해서 외롭고 슬픈 곰에게 개구리가 나타나 부드럽게 미소 짓는 것만으로 친구를 사귀는 것에 도움이 된다는 것을 가르쳐 준다. 이 그림책은 친구를 사귀기 위해서는 무엇이 필요한지 배울 수 있게 한다.

4) 그림책과 정서 발달

유아는 그림책을 읽으면서 그 책의 지적 · 정서적인 과정의 한 부분에 몰입하며 이야기와 관련된 상상, 감정이입, 가상 놀이를 하게 된다. 이처럼 유아의 그림책 읽기의 경험은 유아에게 자신의 정서를 표현하고 발달하는 것에 도움을 준다.

유아와 그림책을 읽으며 "이 이야기 속에서 무엇이 가장 재미있었니?", "이 이야기 속 등장인물은 어떤 기분이었을까?"와 같은 교사와 부모의 상호작용은 유아에게 자신의 정서적 느낌을 인식하게 한다. 또한 자신의 감정 조절과 상황에 따른 정서를 표현하는 방법을 배우게 한다. 그림책 주인공이 경험하는 사건에 관한 간접적 경험은 유아에게 자신의 정서에 관한 인식을 하게 하며, 다양한 욕구를 충족하게 한다. 정서 발달에 도움을 주는 그림책은 다음과 같다.

『난 정말 행복해』
김선영 글 · 배현주 그림, 키위북스, 2020

『난 정말 행복해』는 자신의 감정을 알고 표현하는 데 도움을 주는 책이다. 긍정적 감정뿐만 아니라 부정적 감정도 중요하다는 것을 배울 수 있다. 영아가 성장하면서 자신의 감정을 인식하고, 표현하는 방법을 아는 것은 중요하다.

『헤엄이』
레오 리오니 글 · 그림. 이명희 역. 시공주니어. 1997

『**헤엄이**』는 작은 물고기가 힘을 합쳐 큰 물고기의 위협을 물리치는 이야기이다. 으뜸이의 용기 있는 행동으로 위험한 상황을 극복한다는 내용은 유아에게 자신감과 가치감에 대한 정서를 배우게 한다.

『소피가 화나면, 정말 정말 화나면』
몰리 뱅 글 · 그림. 박수현 역. 책읽는곰. 2013

『**소피가 화나면, 정말 정말 화나면**』은 글을 모르는 유아도 알 수 있도록 강렬한 선과 색으로 화를 생생하게 표현하고 있다. 유아는 이 그림책을 통해 정서를 표현하는 법을 배울 수 있다.

5) 그림책과 인지 발달

유아는 자기에 대한 인식이 발달하면서 주변에 대한 호기심을 느끼고 탐색을 하게 된다. 다양한 감각을 통한 탐색과 질문으로 호기심이 있는 사물이나 상황에 대한 관찰을 통해 지식을 습득한다.

그림책은 유아에게 글과 그림을 통해 다양한 경험을 제공하고 정확한 정보나 사실을 전달해 줌으로써 인지 발달에 도움을 준다. 유아가 흥미 있게 탐구할 수 있는 주제와 관련된 그림책은 깊이 있는 탐구학습으로 확장하는 기회가 된다(곽아정 외, 2023). 이처럼 유아는 그림책을 읽는 경험을 통해 사물에 대한 지각 능력과 다양한 측면을 바라보는 지식이 발달한다. 인지 발달에 도움을 주는 그림책은 다음과 같다.

『두드려 보아요』
안나 클라라 티돌름 글·그림. 사계절. 1999

『**두드려 보아요**』의 책 속 문을 두드리면서 다양한 사물들을 찾아볼 수 있다. 또한 색깔과 모양에 대한 감각과 여러 가지 사물을 표현하는 능력을 배울 수 있다. 좋아하는 음식을 그려 놓고 '똑똑' 하는 몸짓을 표현하면 문을 여는 활동을 할 수도 있다.

『작은 고무 오리 열 마리』
에릭 칼 글·그림. 엄혜숙 역. 시공주니어. 2023

『**작은 고무 오리 열 마리**』를 통해 공간과 위치에 대해 배울 수 있다. 또한 유아가 나침반을 사용해 교실의 방향을 이해하고 내 위치가 어디인지 친구들에게 말하며 찾는 놀이를 할 수 있다.

2. 연령별 발달 특성과 그림책

1) 신체 발달 특성과 그림책

(1) 0~1세

0~1세는 감각기관이 빠르게 발달하는 시기로, 아직 손가락의 힘은 약하지만 엄지와 검지를 이용해 물건을 잡을 수 있다. 자신의 주변 세계를 적극적으로 탐험하며 친숙한 사물을 빨고 두드리며 탐색한다. 그림책도 하나의 놀잇감으로 인식하며 입으로 가지고 가며 깨물거나 빤다. 따라서 다양한 감각적 경험을 할 수 있는 헝겊이나 비닐책, 보드북이 적절하다. 또한 영아에게 친숙한 사물이 담긴 책이나 반복적인 문장이나 운율을 통해 동작을 따라 할 수 있는 그림책이 적당하다.

발달적 특성	책의 특성	그림책 예시
• 손에 쥔 물건을 두드리거나 입으로 가지고 가며 빤다. • 손가락으로 집기가 가능하다.	• 헝겊책, 비닐책, 보드북	 『악어 코코 씨!』 리사 산치스 그림. 박선주 역. 보림. 2022

(2) 2세

영아의 신체활동이 좀 더 활발해지는 걸음마 시기이다. 영아는 음식을 먹고 물건을 잡는 데 좀 더 능숙하며 오감을 통해 직접 경험하는 것을 즐긴다. 따라서 이 시기의 영아에게는 다양한 경험을 할 수 있도록 오감을 통해 상상놀이가 이루어지는 것이 좋다.

발달적 특성	책의 특성	그림책 예시
• 신체적 활동이 활발하다.	• 동작을 따라 할 수 있는 책	 『뒹굴뒹굴 짝짝』 백연희 글 · 주경호 그림. 길벗어린이. 2010

(3) 3~5세

유아기인 3~5세는 신체적으로 소근육과 대근육이 발달하면서 손가락을 사용하거나 한 발로 뛰기 등을 할 수 있다. 이 시기의 유아는 호기심이 다양하고 왕성하다. 또한 운율이나 리듬에 따라 몸을 움직이는 활동 등에 관심을 나타내고 즐기며 사물과 현상에 대한 호기심을 갖는다. 따라서 다양한 소재의 그림책이나 유아의 경험을 확장할 수 있는 그림책이 적절하다.

발달적 특성	책의 특성	그림책 예시
• 운율과 리듬에 따라 움직이는 활동에 관심이 있다.	• 다양한 놀이에 관한 책	 『바람이 불었어』 팻 허친스 글 · 그림. 박현철 역. 시공주니어. 1997

2) 언어 발달 특성과 그림책

(1) 0~1세

0~1세는 대상영속성이 발달하는 시기로, 책의 겉모양보다는 내용에 관심을 가진다. 언어 발달상 명명기에 해당하며 한 음절이나 단어로 의사 표현을 한다. 따라서 영아에게 친숙한 사물이나 활동의 그림이 포함된 단순한 그림책을 읽어 주는 것이 필요하다. 예를 들어 영아가 좋아하는 기차와 같은 사물이 만드는 소리나 이름을 반복해서 읽어 줄 수 있는 그림책이 도움이 된다.

발달적 특성	책의 특성	그림책 예시
• 표정, 몸짓, 말소리로 표현한다.	• 단어를 반복 명명하는 책	『난 자동차가 참 좋아』 마가렛 와이즈 브라운 글 · 김진화 그림. 최재숙 역. 비룡소. 2006
• 명명기가 시작된다.	• 친숙한 사물이나 활동의 그림이 포함된 책	『어흥, 누구게?』 김병선 글 · 오현균 그림. 흰돌. 2002

(2) 2세

1~2세 영아기에는 혼자 또는 성인과 책 읽는 것을 좋아하며 자신이 선호하는 그림책이 생기기도 한다. 그림책을 보면서 그림에 관한 질문을 많이 하고 단순한 질문을 이해할 수 있다. 이 시기의 영아는 말하는 것을 즐기며 어휘 수도 증가해 질문을 통해 개념이나 정보를 획득한다. 영아에게 친숙하거나 이해할 수 있는 예측하기 쉬운 구성으로 되어 있는 그림책이 좋으며, 간접화법보다는 직접화법이 주로 사용된 책이 적절하다.

발달적 특성	책의 특성	그림책 예시
• 두 단어 말을 시작한다.	• 단어, 구, 문장의 반복이 있는 책	 『우리 엄마 어디 있어요?』 기도 반 게네흐텐 글 · 그림. 서남희 역. 한울림. 2004
• 사물의 이름을 말할 수 있으며 의성어, 의태어를 흉내낼 수 있다.	• 의성어, 의태어가 사용된 책	 『사과가 쿵!』 다다 히로시 글 · 그림. 정근 역. 보림. 2006

(3) 3~5세

3~5세 유아기는 언어가 급속히 발달하는 시기로, 언어 확장과 어휘 수가 증가한다. 자아 개념과 상상력이 발달하며 유머를 즐긴다. 초보적 수 세기가 가능하며 글자를 이해하고 혼자서 책을 읽을 수도 있다. 이 시기의 유아는 단순한 개념이 발달하고 사물에 대한 호기심이 증가하므로 정보를 전달하거나 개념을 습득할 수 있는 책이 필요하다. 또한 상상력이 발달하고 유머를 즐기므로 환상동화나 모험을 그린 그림책, 유머러스한 내용의 책이 도움이 된다.

발달적 특성	책의 특성	그림책 예시
• 언어 확장과 어휘 수가 증가한다. • 단순한 개념이 발달한다.	• 정보 전달이나 개념 습득 책	 『나만의 박물관』 에마 루이스 글·그림. 조혜진 역. 책속물고기. 2018
• 상상력이 발달한다.	• 환상, 모험을 다룬 책	 『깊은 밤 부엌에서』 모리스 샌닥 글·그림. 강무홍 역. 시공주니어. 1994

3) 사회성 발달 특성과 그림책

(1) 0~1세

0~1세 영아는 주 양육자와 애착을 형성하면서 인간관계를 시작한다. 영아는 미소나 옹알이, 눈을 마주치는 행동을 통해 자신을 돌봐 주는 친숙한 사람과 기본적인 신뢰감을 형성하게 된다. 그러나 친숙하지 않은 낯선 사람에게는 낯가림하며 불안감을 느낀다. 이 시기의 영아는 친숙하고 우호적인 행동을 보이는 특정 대상에게는 안정감을 느끼므로 정서적 교감을 할 수 있는 매개체로서 그림책을 활용한다. 또한 대상영속성이 발달하는 시기이므로 영아에게 친숙한 물건이나 활동이 포함된 그림을 포함한 그림책이 도움이 된다.

발달적 특성	책의 특성	그림책 예시
• 대상영속성이 발달한다.	• 영아가 좋아하는 내용이 있는 책	 『달님 안녕』 하야시 아키코 글 · 그림. 이영준 역. 한림출판사. 1990
• 인간관계에 있어 기본적인 신뢰감을 형성한다.	• 정서적 교감을 위한 매개체가 될 수 있는 책	 『사랑해 사랑해 사랑해』 버나뎃 로제티 슈스탁 글 · 캐롤라인 제인 처치 그림. 신형건 역. 보물창고. 2006

(2) 2세

이 시기의 영아는 자신과 다른 사람과 구분하는 타인과 분리된 자아를 인식하기 시작한다. 신체를 탐색하거나 사진을 통해 자신을 인식하고 그것이 자신이라는 것을 알게 된다. 영아기는 자아 개념이 생성되는 기초단계로 스스로 무언가를 하려고 시도하는 경험을 통해 자아 개념을 형성한다. 따라서 자아 개념이 발달할 수 있도록 스스로 할 수 있다는 내용이 담겨 있는 것이 적절하다.

발달적 특성	책의 특성	그림책 예시
• 자아 개념이 생성된다.	• 자아 개념 발달을 돕는 책	 『응가하자, 끙끙』 최민호 글 · 그림. 보림. 2001
• 스스로 하려는 태도를 보인다.	• 스스로 할 수 있다는 내용이 담긴 책	 『누가 내 머리에 똥 쌌어?』 베르너 홀츠바르트 글 · 볼프 예를브루흐 그림. 사계절. 2002

(3) 3~5세

이 시기의 유아는 자기 주도성이 발달하고 자신의 외모에 관심을 가지고 성차에 대한 호기심을 가진다. 타인의 관점을 이해하면서 가족이나 친구와 관계를 맺으며 안정감을 느끼게 된다. 또한 또래와의 관계가 더욱 중요해지며 같이 어울려 놀이하는 것을 즐긴다. 따라서 이 시기에는 유아가 또래나 가족과 잘 어울릴 수 있도록 다른 사람과의 관계를 보여 주거나 긍정적인 자아 개념을 가지도록 하는 책이 도움이 된다.

발달적 특성	책의 특성	그림책 예시
• 자기 주도성이 발달한다. • 타인의 관점을 이해할 수 있다.	• 다른 사람과의 관계를 보여 주는 책	 『친절한 호랑이 칼레의 행복한 줄무늬 선물』 야스민 셰퍼 글 · 그림, 김서정 역, 봄볕, 2017
• 성역할 개념이 발달한다. • 도덕성이 발달한다.	• 성 정체성에 대해 올바르게 이해할 수 있는 책	 『나는 여자, 내 동생은 남자』 정지영, 정혜영 글 · 그림, 비룡소, 1997

4) 정서 발달 특성과 그림책

(1) 0~1세

출생 직후인 신생아 때는 쾌, 불쾌의 정서만 경험하다가 8개월이 지나면서부터 모든 정서를 경험한다(Lewis, 2000; 김정원 외, 2023 재인용). 영아의 낯가림이 시작되면서 자신에게 친숙한 대상에게는 친밀감과 신뢰감을 느끼지만, 낯선 대상에 대해서는 불안감을 느낀다. 따라서 영아에게 애착을 형성할 수 있는 친숙한 사물이나 활동 그림이 담긴 그림책이나 일상적 생활 가운데 신뢰감을 형성하는 주제의 그림책이 적절하다.

발달적 특성	책의 특성	그림책 예시
• 사회적 미소를 지을 수 있다.	• 친숙한 활동 그림이 포함된 책	 『이불에 폭!』 한얼 글·그림. 책읽는곰. 2022
• 낯가림, 격리불안이 나타난다.	• 일상적 생활 가운데서 신뢰감을 형성하는 내용의 책	 『모두 잠이 들어요』 마가렛 와이즈 브라운 글·진 샬럿 그림. 나희덕 역. 비룡소. 2001

(2) 2세

영아 후기인 1~2세는 자기주장이 강해지고 다른 사람이나 사물에 대한 호기심이 왕성하게 나타난다. 정서가 발달하면서 죄책감, 자부심, 질투와 같은 2차 정서가 발달하며, 다른 사람의 반응에 따라 자신의 정서를 조절하는 능력이 나타난다. 이 시기에는 영아 스스로 할 수 있는 다양한 기본생활습관을 소재로 한 책이나 자신의 정서를 인식하고 표현하는 내용의 책이 도움이 된다.

발달적 특성	책의 특성	그림책 예시
• 죄책감, 질투와 같은 2차 정서가 발달한다.	• 자아를 긍정적으로 인식하는 소재의 책	 『괜찮아』 최숙희 글 · 그림. 웅진주니어. 2005
• 자신의 정서를 조절하는 능력이 발달한다.	• 자신의 기분이나 정서를 알 수 있는 책	 『풍선이 좋아』 이은선 글 · 그림. 봄봄출판사. 2022

(3) 3~5세

유아기는 자아중심적 사고를 하지만 가족, 또래, 교사 등 인간관계가 넓어지면서 이타성이 발달한다. 유아는 정서가 발달하면서 타인의 관점을 이해하고 공감하지만, 아직 타인이 감추고 있는 정서까지는 파악하지 못한다. 또한 정서를 조절하는 능력이 발달하면서 자신의 부정적인 정서를 숨길 수도 있다. 유아는 정서가 쉽게 변하고 동생이 생겼을 때나 원하는 것을 가지기 위해 공격적인 정서가 나타나기도 한다. 따라서 유아에게 정서적 안정감을 주는 책이나 자신과 타인의 감정을 이해하고 공감하는 내용의 책이 적절하다.

발달적 특성	책의 특성	그림책 예시
• 정서가 쉽게 변한다.	• 정서적 안정감을 주는 책	 『마음아 안녕』 최숙희 글 · 그림. 책읽는곰. 2018
• 타인의 감정이나 기분을 이해하고 공감할 수 있다.	• 자신과 타인의 정서를 이해하고 공감하는 내용의 책	 『화가 호로록 풀리는 책』 신혜영 글 · 김진화 그림. 위즈덤하우스. 2021

5) 인지 발달 특성과 그림책

(1) 0~1세

이 시기의 영아는 감각과 지각을 통해 정보를 습득하고 빨거나 두드리는 운동 능력을 통해 주변 세계를 탐색한다. 영아는 다양한 감각을 통해 흥미를 보이고 탐색하고 모방하면서 학습하게 된다. 또한 형태를 지각하는 능력이 발달하며 대조적인 패턴을 좋아한다. 따라서 이 시기의 영아에게는 다양한 감각을 경험할 수 있는 책이나 단순하고 친근한 그림이 담겨 있는 그림책이 적절하다.

발달적 특성	책의 특성	그림책 예시
• 감각과 운동능력을 통해 세계를 탐색한다.	• 단순한 대조와 반복을 이룬 책	 『갈색 곰아, 갈색 곰아, 무얼 바라보니?』 빌 마틴 주니어 글 · 에릭 칼 그림. 김세실 역. 시공주니어. 2022
• 형태를 지각하는 능력이 발달한다.	• 친숙한 물건 그림이 그려진 책	 『한 살배기 아기 그림책』 보물섬 글 · 남은미 외 그림. 천둥거인. 1999

(2) 2세

이 시기의 영아는 상징적 사고가 발달하면서 상징놀이가 나타나기 시작한다. 자기중심적 사고를 하며 초보적 수 세기와 글자에 관심을 가진다. 영아는 주변 세상에 대한 호기심이 증가하면서 궁금증을 풀기 위해 질문을 많이 한다. 이러한 단순한 질문을 통해 영아는 개념과 정보를 습득한다. 따라서 영아의 호기심을 충족시킬 수 있는 내용이 담긴 책이나 초보적인 수 세기나 글자를 배울 수 있는 책이 적절하다.

발달적 특성	책의 특성	그림책 예시
• 초보적 수 세기를 하며 글자에 관심을 가진다.	• 정보, 개념습득에 도움이 되는 책	 『기차 ㄱㄴㄷ』 박은영 글 · 그림. 비룡소. 2007
• 단순한 질문을 통해 개념을 습득할 수 있다.	• 호기심을 충족할 수 있는 책	 『뭐야 뭐야?: 동물 2』 정해왕, 차보금 글 · 이웅기 외 그림. 사계절. 2005

(3) 3~5세

유아기에는 사물을 분류하는 분류 능력과 서열화 능력이 발달한다. 특히 전체와 부분에 대해 이해할 수 있는 논리적 사고와 자신의 능력에 관한 지식을 갖게 된다. 유아기에는 사고의 인출이 발달하고 실제와 환상을 구분할 수 있다. 따라서 이 시기에는 유아의 경험을 확장하거나 개념을 형성할 수 있는 정보나 지식을 전달하는 책이 필요하다.

발달적 특성	책의 특성	그림책 예시
• 상징적 사고, 물활론적 사고가 나타난다.	• 다양한 소재의 책	 『이상한 화요일』 데이비드 위스너 글·그림. 비룡소. 2002

생·각·열·기

1. 영유아의 발달 특성에 적합한 그림책을 찾아봅시다.

2. 내가 생각하는 유아에게 좋은 그림책은 무엇인지 이야기 나누어 봅시다.

3. 유아의 발달적 특성에 적합한 그림책 활동을 생각해 봅시다.

『화가 호로록 풀리는 책』
신혜영 글 · 김진화 그림. 위즈덤하우스. 2021

『친절한 호랑이 칼레의 행복한 줄무늬 선물』
야스민 셰퍼 글 · 그림. 김서정 역. 봄볕. 2017

제 5 장

그림책의 이해

학습목표

1. 그림책의 문화적 요소를 이해한다.
2. 그림책의 예술적 요소를 이해한다.
3. 그림책의 글과 그림과의 관계를 이해한다.

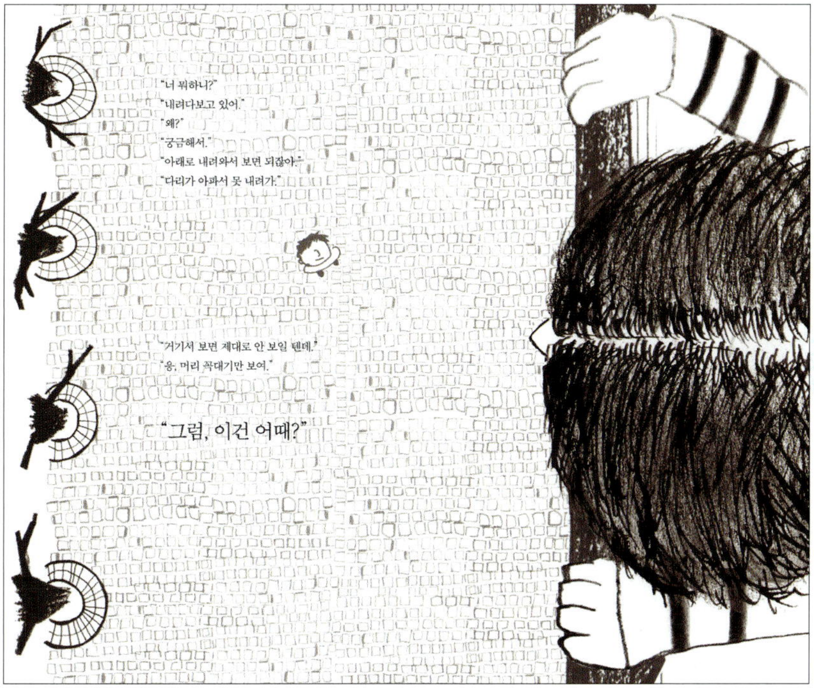

『위를 봐요!』 中
정진호 글 · 그림. 현암주니어. 2014

1. 그림책의 정의 및 중요성

1) 그림책의 정의

그림책이란 유아를 위한 책으로, 그림으로만 이루어졌거나 그림과 글씨가 함께 이루어진 책을 말한다. 그림책은 유아문학에서만 발견되는 독립된 위치를 차지하는데, 그림책은 이야기가 있는 그림으로 된 책이며, 본문과 그림이 한 편의 시처럼 잘 혼합된 책이다. 그림 하나만으로도 독자적으로 이야기를 만들어 낼 수 있고 그림이 본문과 단어들을 지배하는 형태이거나 적어도 본문과 똑같이 중요하게 생각되는 책이다. 그림책은 글과 그림이 동등하게 이야기를 표현하여 의미를 전달하는 특징을 가지며, 때로는 그림만으로도 이야기 세계를 만들어 내는 시각적 언어를 충분히 활용한 의사소통의 매체이다.

그림책은 대부분 글과 그림이 어우러지고 문체가 단순하며 이야기 구조가 복잡하지 않다. 그래서 글과 그림으로 된 본문은 유아의 언어 지식이 부족해도 그림을 통해 이야기의 내용을 이해하고 예측할 수 있다. 즉 그림책 안에 있는 다양한 그림과 표현은 이야기의 분위기와 인물에 대한 묘사를 잘 전달하고 있어 이야기를 상상하고 해석할 수 있게 한다.

그림책은 글과 그림으로 스토리를 가지며, 그림으로만 표현된 그림책도 그림으로 유추할 수 있는 이야기가 담겨 있다(김보은, 2020). 따라서 그림책은 다양한 체험이 없는 아동에게 간접 체험을 할 수 있게 도와주고, 충분한 배경지식이 없는 아동에게 상상력을 더해 주고 풍부하게 해 준다.

그림책의 시각적 이미지는 단순한 그림이 아닌 지적 경험을 연상하게 함으로써 유아에게 다양한 지식을 전달하거나 이야기를 들려주는 것에 효과적이다. 또한 그림책은 부모나 또래가 함께 읽으면서 그림책 이야기와 즐거움을 공유하면서 긍정적인 정서를 형성하며 안정감을 가지게 한다. 그림책은 유아가 처음 접하는 문학으로 그림책 속에 담겨 있는 글과 그림은 유아의 상상력과 창의력을 증진하고 즐거움을 준다. 따라서 발달단계에 적절한 그림책은 유아에게 즐거움과 독서에 대한 긍정적인 태도를 형성하게 한다.

2) 그림책의 중요성

그림책은 유아문학의 모든 장르를 표현할 수 있으며, 그림책이 주는 흥미와 즐거움은 유아가 끊임없이 책을 읽어달라는 요구를 하게 한다. 이처럼 성인이 아동에게 읽어 주면서 최초로 경험하게 되는 그림책은 유아의 즐거움과 심미적 가치를 가지게 한다. 그림책의 중요성과 교육적 의의는 다음과 같다.

첫째, 언어의 문해 능력에 도움을 준다. 유아는 비교적 간단하고 재미있는 글을 반복적으로 읽으면서 상황에 맞는 어휘를 익히고 언어의 구조를 이해하게 된다. 또한 글자를 못 읽더라도 그림을 보면서 내용을 유추하고 이야기의 스키마(story schema)를 형성하게 한다.

둘째, 그림책을 통해 다른 나라의 문화, 전통, 관습, 음식 등의 간접 경험을 함으로써 타인이나 다른 세계에 대한 이해와 배려하는 태도를 배우게 한다.

셋째, 그림책은 심미적 경험을 느끼게 한다. 유아는 그림책에 그림을 보는 과정에서 온몸의 감각을 동원해 아름다움을 경험하게 된다. 다양한 색으로 채색된 등장인물, 배경의 다양한 공간적인 배열은 시각적 이미지를 오감으로 느끼는 심미적 경험을 느끼게 한다.

넷째, 그림책은 그림책의 내용과 자신의 경험을 연결하여 재미를 느끼게 한다. 그림책의 주인공이 경험하는 다양한 사건이나 갈등을 자신의 경험과 연결하여 공감함으로써 재미를 느끼게 된다.

다섯째, 그림책의 환상적인 이야기는 유아의 상상력과 창의력을 키워 준다. 그림책의 현실에서 일어날 수 없는 상황이나 사건은 유아의 상상력을 자극한다. 유아는 그림책의 이야기를 자신이 상상하는 이야기로 재구성하면서 말과 글로 표현하는 능력을 기를 수 있다.

2. 그림책의 구성

그림책은 글이 있는 경우가 대부분이지만 글이 없는 그림책도 있다. 그림책은 그림과 글이 서로 의존하면서 이야기를 꾸미며, 두 개의 페이지가 마주 보며 동시에 펼쳐질 때 극적인 상황이 정해지는 예술 형태라고 정의할 수 있다(Purvers & Monson, 1984). 그림책의 그림을 평가하는 기준은 그림이 본문의 의미를 더 명확하게 해 주고 아이디어를 확장하는가, 그림이 본문의 내용에 맞게 적절하게 그려져 있는가, 그림이 매력적으로 잘 고안되었는가, 여백의 활용이 분위기와 주인공 행동 전개에 도움을 주고 있는가 등이다. 따라서 그림책 속의 글과 그림의 문학적 요소와 예술적 요소를 살펴봄으로써 좋은 그림책이 갖추어야 할 구성요소를 알아보고자 한다.

1) 문학적 요소

(1) 주제

주제란 이야기되는 하나의 생각에 묶음으로 이야기를 통해 전달되는 사고를 말한다. 유아문학에서 좋은 그림책은 이야기 전체의 흐름 속에서 주제가 잘 결합되어서 유아의 호기심 충족과 삶의 경험을 나눌 수 있어야 한다. 또한 명확하고 단순한 주제를 생동감 있게 구성해야 유아가 쉽게 이해할 수 있다.

그림책은 유아 자신의 기본적 요구를 만족시켜 줄 수 있는 내용으로 선정되어야 한다. 즉 가족, 친구, 유아교육기관 등의 친숙한 내용을 통해 긍정적인 자아 개념을 형성하고 친구를 잘 사귀고 유아교육기관 적응을 도울 수 있는 주제가 좋다. 따라서 자아 개념, 가족과 이웃, 사회문제 환상과 모험 등이 그림책의 주제가 될 수 있다. 예를 들어 이수지의 『파도야 놀자』는 유아의 상상 속 친구와 즐거운 놀이 경험을 바닷가 놀이로 표현하고 있다. 쓰쓰이 요리코 글 · 하야시 아키코 그림의 『순이와 어린 동생』은 형제간의 우애를 주제로 다루었으며, 어린 동생에게 갖는 언니의 사랑과 책임감을 잘 표현한 내용을 담고 있다. 이러한 주제는 유아에게 흥미를 불러일으키고 새로운 태도나 통찰을 갖게 한다.

그림책의 주제는 유아의 정보와 흥미, 호기심을 충족시키기 위한 동물, 식물, 우주에 대한 이해와 탐험을 할 수 있는 것이 좋다. 레이먼드 브릭스의 『곰』은 어느 날 찾아온 곰과 주인공인 틸리가 같이 잠도 자고 목욕도 하고 똥도 싸는 과정 가운데 힘들지만 서로 이해하고 배려하는 것을 보여 준다.

『순이와 어린 동생』
쓰쓰이 요리코 글 · 하야시 아키코 그림. 양선하 역.
한림출판사. 1995

『곰』
레이먼드 브릭스 글 · 그림. 박상희 역.
비룡소. 1995

노르미 에쿠미악의 『내 어린 시절의 북극』, 이명애의 『플라스틱 섬』, 다비드 모리송의 『숲을 그냥 내버려 둬!』 등은 환경보호의 필요성을 제시하는 주제의 그림책이다.

『내 어린 시절의 북극』
노르미 에쿠미악 글 · 그림. 이혜선 역. 사계절. 2005

『플라스틱 섬』
이명애 글 · 그림. 상. 2014

『숲을 그냥 내버려 둬!』
다비드 모리송 글 · 그림. 크레용하우스. 1998

(2) 플롯

플롯(Plot)이란 이야기의 사건이 전개되는 순서와 구성이다. 발달-전개-절정-결말의 과정이 명확하고 흥미로운 플롯이 유아의 발달에 적합하다. 환상동화에서의 발달 전개 과정은 문제 상황이나 갈등 상황이 초자연적이고 마술적인 요소에 의해 해결되면서 절정을 이루고 결말로 이르게 되는 경우 유아의 상상력이 향상된다. 또한 유아의 지속적인 흥미가 이루어지게 되고 열린 결말을 통해 유아 스스로가 동일시되며 기쁨을 맛보게 된다.

사실동화의 경우 선정된 주제의 갈등 상황과 문제 해결 과정이 현실적으로 전개되어 가거나 논리적인 개연성을 갖고 진행되기도 한다. 유아의 현실에서의 문제 상황에 대한 갈등 해결로 결말이 이루어져서 간접 체험을 통한 유아의 성장을 이루게 된다.

예시) 『터널』(앤서니 브라운 글 · 그림. 장미란 역. 논장. 2018)의 그림책 플롯 분석

플롯	내용	세계	장소
발달	오빠와 여동생은 너무 다른 성격을 가지고 있다. 오빠는 뛰어놀기 좋아하고 여동생은 책 보는 것을 좋아한다.	현실	쓰레기장
전개	오빠가 터널 안으로 들어가고 여동생도 오빠를 찾아 터널 속으로 들어간다.	현실 → 환상	터널
절정	여동생 로즈가 늑대와 거인 마녀가 떠올라 무시무시한 공포를 극복하며 뛰어간다.	환상	숲속
결말	여동생이 돌로 변한 오빠를 껴안아 주자 오빠가 차츰 사람으로 돌아온다.	환상 → 현실	숲속

(3) 등장인물

유아문학에서의 등장인물은 유아 자신의 모습과 행동이 나타나고 영유아가 쉽게 동일시되어 유아가 그림책의 주인공이 되어 문제 해결을 하며 성취감을 느낄 수 있어야 한다. 유아문학에서의 등장인물은 사람, 동물, 의인화된 모든 사물이 포함된다. 인물의 행동과 말을 통하여 유아는 주인공과 등장인물의 성

격을 이해하고, 이를 바탕으로 다른 사람과의 관계 및 사회성을 기르게 된다.

동물 주인공은 어린이의 행동 특성이 잘 반영되어 유아가 좋아하며 동일시한다. 동물이나 무생물이 먹고, 노래하고 친구들과의 갈등을 해결하고, 마술을 사용하는 과정을 그림책으로 보면서 유아는 동물과 자신을 동일시하며 카타르시스를 경험한다. 가브리엘 뱅상의 『비 오는 날의 소풍』의 그림책은 유아가 동물 등장인물들과 동일시하며 즐거움을 느낀다. 이범재의 『누구지?』는 곰이 동물 친구들에게 먹이를 갖다 줄 수 있도록 눈을 치우는 등 서로 배려하는 동물에 관한 이야기를, 존 버닝햄의 『내 친구 커트니』는 상상 속의 친구가 어려움을 해결해 준다는 이야기를 담고 있다.

『지각대장 존』
존 버닝햄 글·그림. 박상희 역. 비룡소. 1995

『내 친구 커트니』
존 버닝햄 글·그림. 고승희 역. 비룡소. 1996

(4) 배경

배경(setting)은 이야기의 사건이 발생하고 전개되는 시간과 공간을 말한다. 시간적 배경은 과거나 현재, 미래 등이 혼합하여 나타나기도 하고 순차적으로 표현되기도 한다. 실제로 있는 상황에서의 믿을 수 있는 집 안팎의 모습이나 바닷속, 눈 오는 풍경 등 이야기와 사건 간의 논리적인 연계성을 높여 주는 역할을 하는 것이 배경이다. 시간과 공간이 작가의 상상에 의해 다양하게 묘사되어서 유아가 시대를 넘나들고 다양한 공간에서 놀이하는 기쁨을 제공한 것이 배경이다. 주인공이 놀이처럼 경험하는 세계가 실재와 환상의 묘사가 세밀화되어야 신기성이 유지되며 유아가 그림책의 환상과 현실 세계를 잘 구분하며 자유로운 상상의 세계를 맛보게 된다.

모리스 샌닥의 『괴물들이 사는 나라』에서는 '집 → 바다 항해 → 괴물들의 나라 → 집'의 배경을 통해 자기 마음을 담는다. 맥스의 차갑고 텅 빈 방은 맥스의 어머니를 암시한다. 앤서니 브라운의 『돼지책』에서 깔끔하게 잘 정리된 방이 지저분하게 변하는 것도 등장인물들이 돼지로 변하는 것을 은유적으로 나타낸 것이다. 윌리엄 스타이그의 『당나귀 실베스터와 요술 조약돌』의 주인공 실베스터가 실수로 바위로 변해버리자, 실베스터는 그 자체로 배경이 되어 버린다. 존 버닝햄의 『구름 나라』에서는 구름이라는 배경에서 주인공 앨버트가 상상 속의 친구들과 놀이를 통해 신체적·정서적 성장을 경험하게 된다. 이수지의 『토끼들의 밤』에서는 토끼들이 사는 곳에 트럭이 지나가면서 벌어지는 도로 위의 모습을 실감 나게 표현하고 있다. 레이먼드 브릭스의 『산타 할아버지』에서는 깜깜한 밤에서 먼동이 떠오르기까지의 시간을 세계 여러 나라 어린이에게 선물을 배달하고 산타 할아버지가 집으로 돌아오는 공간의 이동으로 보여 주고 있다.

『괴물들이 사는 나라』
모리스 샌닥 글·그림. 강무홍 역. 시공주니어. 1994

『구름 나라』
존 버닝햄 글·그림. 고승희 역. 비룡소. 1997

『토끼들의 밤』
이수지 글·그림. 책읽는곰. 2013

『산타 할아버지』
레이먼드 브릭스 글·그림. 박상희 역. 비룡소. 1995

(5) 문체

유아문학에서 언어는 쉽고 재미있게 작품을 읽을 수 있도록 간결해야 하며, 시각적·청각적 자극을 줄 수 있어야 한다. 아동문학의 언어적 표현에 깃들여져 있는 음악적인 요소는 반복이나 후렴 어구를 사용함으로써 기억하기 좋고, 따라서 함께 읽어 보는 즐거움을 갖게 해 준다. 마이클 로젠 글·헬린 옥슨버리 그림의『곰 사냥을 떠나자』에서는 작가가 의태어 '살금살금', 의성어 '텀벙텀벙' 뿐만 아니라 반복적인 어구를 사용하면서 아동의 상상력을 자극하고 있다. 마찬가지로 권정생의『훨훨 간다』에서는 작가가 '성큼성큼', '기웃기웃'과 같은 의태어의 반복을 통해 아동이 등장인물인 황새와 본인을 동일시하여 마치 황새가 된 것처럼 그림책을 간접적으로 경험하도록 한다. 정진호의『위를 봐요!』에서는 위에서 내려다보고 있는 주인공 수지와 아래에서 올려다보고 있는 친구 사이의 대화를 읽는 과정에서 수지와 친구의 입장을 번갈아 가며 체험하게 되면서 위에서 내려다보기도 하고, 제목과 같이 위를 보기도 하며 동작적인 요소를 경험할 수 있으며, 글자의 크기를 통해 목소리의 크기를 나타내어 음악적 요소 또한 함께 경험할 수 있다.

어라! 풀밭이잖아!
아, 아니지!
풀밭을 헤치고 지나가면 되잖아!
사각 서걱!
사각 서걱!
사각 서걱!

『곰 사냥을 떠나자』
마이클 로젠 글 · 헬린 옥슨버리 그림. 공경희 역. 시공주니어. 1994

2) 예술적 요소

그림책은 그림으로 사상과 감정, 주제를 시각적으로 전달한다. 그림에 나타난 형태만이 아니라 색채, 질감, 표현기법에 따라 인간의 상상력을 통하여 시각적 간접 경험을 지각하였다가 새로운 개념의 이미지를 접하게 되었을 때 이를 바탕으로 인지가 구성되고 미적인 것에 대한 인식력과 창의력도 길러지게 된다. 특히 유아에게 풍부한 시각적 메시지를 경험하게 함으로써 이야기 내용을 충분히 전달함은 물론 상상력을 오랫동안 지속시키는 효과가 있다.

그림책에서 그림은 전달하고자 하는 메시지와 주인공의 인물 묘사를 더 잘 표현하기도 하는데, 유아는 그림을 통해 지식과 경험을 재구성하게 되며, 이러한 경험은 상상력을 자극한다.

(1) 색

유아를 위한 그림책에서 색의 비중은 일반도서보다 훨씬 크다. 색은 유아의 정서적 반응을 즉각적으로 불러일으킬 수 있는 요소이다. 그림에 주로 어떤 색이 사용되었는지, 밝기 정도는 어떠한지, 색이 이야기의 분위기와 내용을 잘 표현하는지는 그림책의 가치를 평가하는 기준이 된다(채종옥 외, 2016). 색은 실재적인 방법, 장식적 방법 또는 표현적인 방법과 정서적 방법으로 상징화되어 사용될 수 있다.

다양한 색을 사용한 그림책으로는 게르다 마리 샤이들 글 · 베네뎃 와츠 그림의『조지 아저씨네 정원』, 브라이언 와일드스미스의『다람쥐』 등이 있다.

메리 홀 엣츠의『나무 숲 속』은 흑백과 옅은 갈색으로 그림을 완성하였고, 마크 사이먼의『코를 킁킁』은 검정과 노랑으로 그림책을 표현하였다. 카츠야 카오리의『메추라기 산이』는 빨간색으로, 이형진의『끝지』는 검은색으로만 그림책을 구성하였다.

『푸른 시간』에서 작가 이사벨 심레르는 다양한 파란색으로 자연의 신비함과 아름다움을 표현하고 있다. 면지에는 32개의 파란색을 소개하고 있어 그라데이션의 효과를 학습할 수 있다. 작가는 파스텔톤의 아이스블루색, 바다를 품은 오션 블루, 청녹의 클라인 블루, 깜깜한 밤의 느낌을 잘 표현하는 미드나이트 블루 등의 다양한 파란색의 표현을 뱀, 꽃, 곤충 등의 다양한 등장인물과 배경색으로 그림책 가득 표현하고 있다.

최숙희의『네 기분은 어떤 색깔이니?』는 좀처럼 설명하기 힘든 자꾸만 달라지는 유아의 감정을 색깔로 표현하고 있다.

『메추라기 산이』
카츠야 카오리 글 · 그림. 길지연 역. 봄봄출판사. 2013

『끝지』
이형진 글 · 그림. 느림보. 2003

『푸른 시간』
이자벨 심레르 글 · 그림. 박혜정 역. 하늘콩. 2018

『네 기분은 어떤 색깔이니?』
최숙희 글 · 그림. 책읽는곰. 2023

(2) 선

선은 굵은 선, 가는 선, 날카로운 선, 모양을 이루는 선 등이 있다. 선은 방향을 가지고 있으며, 다른 감정과 반응을 야기한다. 수직선은 힘, 안정, 위엄 등을 느끼게 하고 수평선은 고요, 평온, 평화로운 느낌을 준다. 곡선과 원은 따뜻함, 귀여움, 아늑함, 안정감을 나타내고, 날카롭고 들쑥날쑥한 형태의 선은 흥분과 빠른 움직임을 느끼게 한다. 독자는 선의 방향과 움직임, 굵기와 길이, 각도 등을 통해 다양한 느낌을 느끼게 된다. 수직선은 냉정하고 차가운 느낌, 수평선은 안정감, 곡선은 따뜻함과 자유로움, 사선은 긴장을 표현한다. 크레용, 펜, 붓, 연필 등의 재질에 따라 다른 느낌을 주는 선을 만들 수 있다. 또한 거친 종이인가 부드러운 종이인가에 따라서도 서로 다른 선이 만들어진다.

크리스틴 베젤 글 · 알랭 코르크스 그림의 『선 따라 걷는 아이』에서는 선을 따라 즐기는 아이의 모습에서 역동성을 느낄 수 있다. 이범재의 『누구지?』에서는 다양한 움직임을 곡선을 통하여 묘사하고 있다.

『선 따라 걷는 아이』
크리스틴 베젤 글 · 알랭 코르크스 그림. 김노엘라 역.
평화를품은책. 2011

『누구지?』 中
이범재 글 · 그림.
계수나무. 2013

(3) 모양

모양은 윤곽선 혹은 색과 질감의 변화에 의해 결정될 수 있다. 모양은 그림자처럼 평평할 수 있고, 실제 세계처럼 견고한 3차원적 형식의 상을 줄 수도 있다. 또한 모양은 크거나 작은, 딱딱하거나 부드러운 모양 등 다양한 형태로 묘사될 수 있다. 모양은 사각형, 직사각형, 삼각형, 원이 될 때 기하학적인 것들로 설명될 수 있다.

레오 리오니의 『파랑이와 노랑이』는 파랑과 노랑을 동그라미 모양으로 표현하였고, 신동주의 『지하철이 달려온다』에서 직사각형의 모양을 역동적으로 잘 활용하여 움직임을 잘 나타내고 있다. 크라우디아 루에다의 『모양들의 여행』의 경우 동그라미 모양이 조각으로 나뉘어 물고기로 변했다가 또다시 동그라미 모양이 풍선으로 하늘을 나는 것으로 바뀌게 된다.

『부엉이와 보름달』
제인 욜런 글 · 존 쇤헤르 그림.
박향주 역. 시공주니어. 1996

모양은 넓은 의미로 공간도 포함되는데, 에즈라 잭 키츠의 『눈 오는 날』은 흰 여백을 통하여 평화로운 세상을 묘사한다. 제인 욜런의 『부엉이와 보름달』도 여백이나 원근법을 이용해 먼 길이나 부자의 모습을 사실적으로 묘사하고 있다.

(4) 질감

질감은 주로 그림을 그리는 화면의 소재, 그림 그리는 도구, 그리는 기법에 변화를 주어 표현한다. 질감의 변화에 따라 어떤 경우에는 나무껍질이 거칠고 딱딱하게 보이도록 표현하거나, 부드럽고 편안함을 주도록 표현한다. 마치 그림책을 보면서 만져 보는 간접 체험을 제공하듯 부드럽고 솜털이 있는지, 거칠고 털이 있는지, 유연한지, 울퉁불퉁한 알갱이 같은, 반들반들한, 딱딱한 것 등을 표현하게 한다.

에즈라 잭 키츠는 콜라주 기법을 활용하여 『눈 오는 날』, 『휘파람을 불어요』 등을 완성하였다. 레오 리오니는 콜라주를 활용하여 『프레드릭』, 『알렉산더와 장난감 쥐』 등을 통해 유아들이 만져보고 싶은 호기심을 유발한다. 또한 마르쿠스 피스터의 『무지개 물고기와 이야기꾼』은 반짝이는 물고기 비늘을 유아가 만질 수 있도록 하는 등 오감을 자극한다.

연필이나 색연필 등을 활용하여 질감을 표현하기도 하는데, 크리스 반 알스버그는 『마법사 압둘 가사지의 정원』에서 연필과 콩테의 굵기 조절을 통하여, 레이먼드 브릭스는 『곰』에서 색연필의 굵기 조절을 통하여 질감을 표현했다.

『무지개 물고기와 이야기꾼』
마르쿠스 피스터 글·그림.
공경희 역. 시공주니어. 2022

『알렉산더와 장난감 쥐』
레오 리오니 글·그림. 김난령 역.
시공주니어. 2019

『마법사 압둘 가사지의 정원』
크리스 반 알스버그 글·그림. 정회성 역.
비룡소. 2019

3) 그림책을 구성하는 주변 텍스트

그림책의 주변 텍스트에는 책의 내부 구조인 표지, 면지, 표제지가 있으며, 책의 외부 구조에는 판형이 있다.

(1) 표지

그림책에서 표지는 저자가 그림책에서 나타내고자 하는 이슈, 줄거리를 함축적으로 표현하는 중요한 서사이다. 그러므로 유아가 그림책의 내용을 이해하는 것에 도움을 주기 위하여 교사는 유아와 책 읽기를 시작할 때 표지를 자세히 관찰하도록 가능한 한 많은 시간을 갖는 것이 좋다. 특히 그림책 표지의 제목은 가리고 그림만 보여 주며 그림책의 제목 짓기를 하는 과정은 유아가 세심히 표지를 탐색하며 이야기의 내용을 예측할 수 있어 좋다.

① 앞표지

책 제목과 글 작가와 그림 작가의 이름, 출판사 이름과 함께 독자에 전달하고자 하는 그림과 글로 표현된다.

② 뒤표지

많은 그림책에서 뒤표지는 앞표지와 연속되어 책을 바깥쪽으로 펼치면 앞뒤 표지가 연결되어 하나의 그림이 된다. 예를 들어 사라 스튜어트 글 · 데이비드 스몰 그림의 『리디아의 정원』, 브라이언 와일드스미스의 『다람쥐』, 맷 데 라 페냐 글 · 크리스티안 로빈슨 그림의 『행복을 나르는 버스』 등이 있다.

『리디아의 정원』
사라 스튜어트 글 · 데이비드 스몰 그림. 시공주니어. 1998

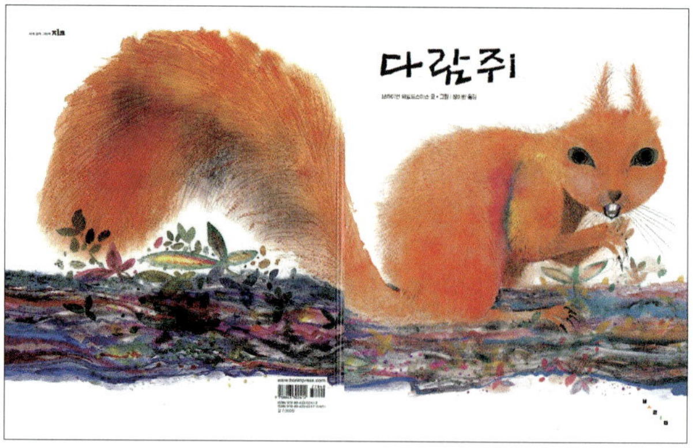

『다람쥐』
브라이언 와일드스미스 글·그림. 장미란 역. 보림. 1996

『행복을 나르는 버스』
맷 데 라 페냐 글·크리스티안 로빈슨 그림. 김경미 역. 비룡소. 2016

롭 루이스의 『핸리에타의 첫 겨울』, 이범재의 『누구지?』는 이야기의 줄거리와 작가가 남기고 싶은 이야기를 뒤표지에 담았다. 권정생의 『훨훨 간다』에서는 뒤표지 그림으로 훨훨 나는 모습의 제목과 내용을 함축적으로 표현하고 있다. 레이먼드 브릭스의 『산타 할아버지』 뒤표지에는 산타 할아버지가 선물 전달을 위해 집을 나서는 그림책의 장면 한 페이지를 그대로 옮겨와 산타 할아버지에 대한 기대감을 잘 나타내고 있다.

『헨리에타의 첫 겨울』
롭 루이스 글·그림. 정해왕 역. 비룡소. 1996

『누구지?』
이범재 글·그림. 계수나무. 2013

『훨훨 간다』
권정생 글·김용철 그림. 국민서관. 2003

『산타 할아버지』
레이먼드 브릭스 글 · 그림. 박상희 역. 비룡소. 1995

앞표지에서 시작된 내용이 뒤표지에서 순화되어 뒤표지까지 이어지고 승화된 내용을 표현하는 경우도 있다. 서현의 『눈물바다』에서는 앞에서는 울고 있는 모습을 나타내고 뒤표지에서는 웃고 있는 모습을 표현하여 승화된 내용을 안내하고 있다. 이수지의 『파도야 놀자』 뒤표지에서는 상상의 친구들과 실컷 놀이한 후 기분이 좋아진 주인공의 모습을 표현하고 있다.

『눈물바다』
서현 글 · 그림. 사계절. 2009

『파도야 놀자』
이수지 글 · 그림. 비룡소. 2009

레지나의 『바로 너야』와 루시드 폴 글 · 이수지 그림의 『물이 되는 꿈』에서는 그림책에 QR코드를 넣어서 QR코드를 활용한 그림책 읽기를 이끈다.

『바로 너야』
레지나 글 · 그림. 글로연. 2018

『물이 되는 꿈』
루시드 폴 글 · 이수지 그림. 청어람아이. 2020

(2) 면지

면지는 표지 그림에 대한 설명을 보충하거나 그림책 내용에 대한 설명을 함축적으로 나타낸다. 즉 면지에서는 등장인물에 대한 묘사와 등장인물의 심정에 변화 그림책의 배경, 사건, 구성 등을 표현한다.

내용 전달 역할을 할 수 있는 그림책 앞표지를 넘기면 바로 나오는 왼쪽의 면이 면지이다. 면지는 앞표지 다음 페이지인 앞면지, 뒤표지 안쪽의 뒷면지로 구성된다. 면지를 통하여 저자는 독자에게 상징적인 문양이나 내용을 제시하여 그림책의 내용을 전달한다.

해리엇 지퍼트의『안나의 빨간 외투』에서는 앞면지의 안나 모습과 뒷면지의 안나의 모습을 달리 표현하여 안나의 성숙한 모습을 표현하고 있으며, 모 윌렘스의『내 토끼 어딨어?』면지에서는 애착 친구 토끼 그림으로 애착 친구와의 관계를 잘 묘사하고 있다. 이자벨 심레르의『푸른 시간』에서는 다양한 파란색의 이름과 색감을 느껴보도록 구성하였다.

『안나의 빨간 외투』 앞면지
해리엇 지퍼트 글 · 아니타 로벨 그림. 엄혜숙 역. 비룡소. 2002

『내 토끼 어딨어?』 면지
모 윌렘스 글 · 그림. 정회성 역. 살림어린이. 2008

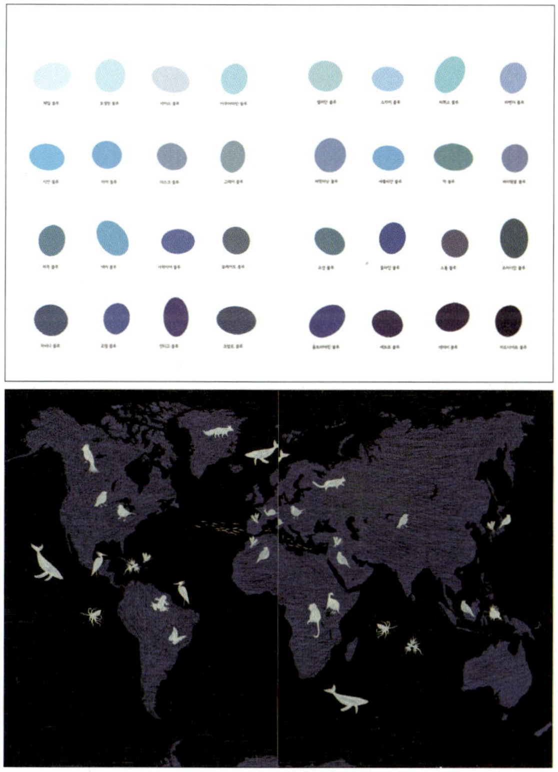

『푸른 시간』 앞뒤 면지
이자벨 심레르 글 · 그림. 박혜정 역. 하늘콩. 2018

(3) 표제지

이야기가 시작되기 전 이야기의 시작을 알리는 공간이다. 책의 제목이나 부제, 글 작가, 그림 작가, 출판사를 표시한다. 책의 내용을 가장 잘 표현하고자 하는 장면이 포함된다.

진 윌리스 글 · 토니 로스 그림의 『꼭 잡아 주세요, 아빠!』의 앞면지에는 아빠의 도움을 받아 자전거 타기를 익힌 아이가 혼자 자전거를 타는 모습을 담고 있다. 표제지에는 강아지와 고양이로 표현한 아빠와 아이의 모습을 담았다. 이제 아빠의 아이가 아닌 강아지와 고양이로 나누어 표제지에 묘사한 것은 성숙하여 부모와 분리되어 가는 과정을 잘 표현하는 예라 볼 수 있다.

생·각·열·기

1. 다음 그림책의 면지를 보고 이야기 나누어 봅시다.

① **『들꽃이 핍니다』**(김근희 글 · 그림. 한솔수북. 2012)

표지

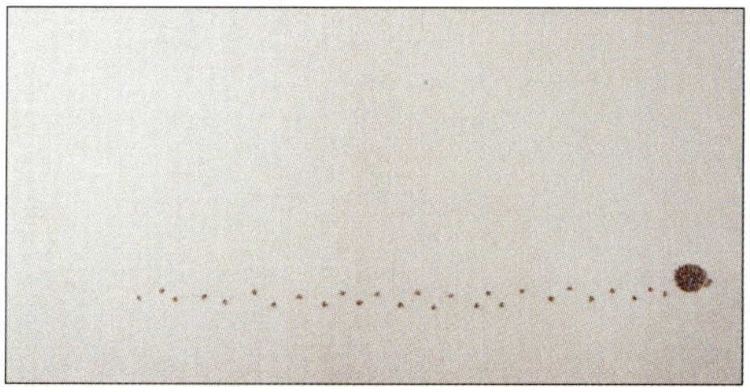

앞면지

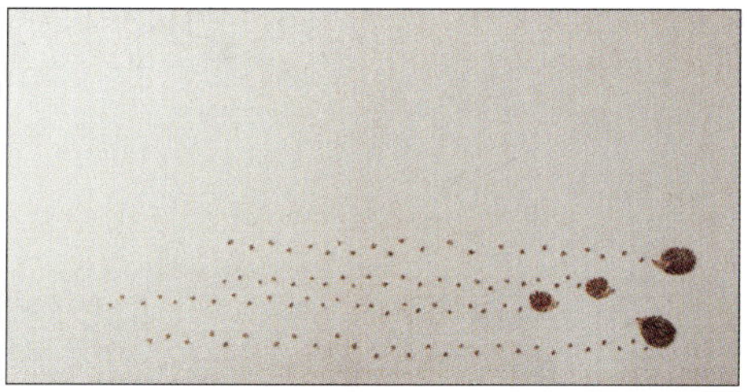

뒷면지

- 누가 보이나요?
- 어떤 계절일까요?
- 어디로 가고 있을까요?
- 왜 고슴도치의 발자국이 남았을까요?
- 고슴도치는 어떤 기분일까요?
- 들꽃들은 어디에 숨어 있을까요?
- 들꽃은 어디에서 필까요?

- 앞 면지와 달라진 점을 찾아보세요.
- 고슴도치는 어떤 일을 겪었을까요?
- 왜 4마리가 되었을까요?
- 3마리는 어디에 있었을까요?
- 어떤 계절일까요?
- 어떤 대화를 나누고 있을까요?

②『**달 사람**』(토미 웅거러 글 · 그림. 김정하 역. 비룡소. 1996)

표지

면지

- 그림책 작가는 면지에 왜 색을 넣었을까요?
- 이 색을 보면 무엇이 떠오르나요?
- 이 면지에 그림을 그린다면 어떤 그림을 그리고 싶나요?

③『**깊은 밤 부엌에서**』(모리스 샌닥 글 · 그림. 강무홍 역. 시공주니어. 1994)

표지

면지

- 이 색을 보면 어떤 음식이 떠오르나요?
- 그 음식을 만들기 위해서 무엇이 필요할까요?
- 작가는 왜 면지에 그림을 그리지 않고 색깔로만 표현했을까요?

제 2 부

유아문학의 교육현장 적용

제6장 유아문학 경험
제7장 유아문학 매체
제8장 유아문학 활동
제9장 유아문학과 교육과정

제 6 장

유아문학 경험

학습목표

1. 유아에게 적합한 그림책을 선정할 수 있다.
2. 그림책을 읽어 주는 방법을 알고 적용할 수 있다.
3. 그림책 읽기 중 유의사항을 알 수 있다.

『내가 아빠를 얼마나 사랑하는지 아세요?』
샘 맥브래트니 글 · 아니타 제람 그림. 김서정 역. 베틀북. 1997

문학경험이란 좁은 개념으로는 책을 읽는다는 것이며, 넓은 개념으로는 책자를 포함한 다양한 형태의 매체, 더 나아가 문화적 · 자연적 환경과의 의사소통에서 새롭게 의미를 재구성하는 전략적 사고 과정이다. 그림책은 다양한 경험을 기반으로 한 이야기를 다루므로 텍스트를 이해할 수 있는 사전 정보가 필요하다. 즉, 그림책을 보기 전 유아가 이야기에 몰입하기 위해서는 사전 정보와 이전 경험을 공유해야 한다(황미해, 2007).

유아에게 그림책을 읽어 주는 방법은 읽기 전, 읽기, 읽은 후의 세 단계별로 나눌 수 있으며 다음과 같다.

1. 그림책 읽기 전 단계

유아의 이야기책 읽어 주기 전략은 먼저 발달 특성에 적절한 그림책을 선택해야 한다. 유아가 흥미를 보이는 내용이나 그림이 있는 것으로 언어적 수준과 상상력, 주의 집중력 시간을 고려하여 선택한다. 그림책 선택에 있어 주의할 점은 도서상을 받은 그림책이라고 읽기에 다 적합한 그림책은 아니라는 것이다. 도서상을 받은 그림책 중에는 그림이 훌륭해서 받은 것도 있기 때문이다.

부모나 교사가 즐겁게 책을 읽는 모습이나 즐거운 느낌은 유아에게 그대로 전달된다. 따라서 유아에게 즐겁게 책을 읽는 모범을 보여야 하며, 이러한 태도는 유아의 그림책 읽기를 자연스럽게 유도한다.

1) 그림책 읽기 전 준비

(1) 좋은 그림책의 선택

그림책을 선택하는 것에 있어서 가장 우선시해야 하는 것은 즐거움을 전달하는 것이다. 유아에게 그림책을 읽어 주는 목적이 언어 발달을 위한 수단이 되거나 지식을 전달하기 위한 것이 되어서는 안 된다. 이런 목적을 가지고 책을 읽어 주는 경우 유아는 그림책을 재미있는 것이 아닌, 지겨운 것이라고 인식하며 독서에 대한 부정적인 태도를 가질 수 있다. 따라서 부모나 교사가 좋아하는 책을 선택해야 한다.

읽기를 위한 그림책의 선택은 다음과 같다(고선옥 외, 2021).

- 깨끗하고 알록달록한 색의 일러스트와 함께 적은 텍스트가 담긴 책
- 짧고 단순한 라임과 시
- 큰 그림과 유아에게 익숙한 장면이 그려진 그림
- 물건의 이름, 문자, 숫자를 배우게 하는 책
- 예측이 가능하거나 반복되는 대사가 있는 책
- 유머러스한 책

(2) 그림책의 개념과 단어 이해하기

선정한 그림책을 유아에게 읽어 주기 전 먼저 책을 소리 내어 읽으면서 그림책의 개념이나 단어를 이해해야 한다. 유아의 수준을 고려해 꼭 필요하지 않은 문장이나 용어는 생략하거나 의역한다.

(3) 소리 내어 읽으면서 연습하기

그림책을 읽을 때의 목소리 톤, 발음, 음의 고저, 음량 크기, 표정 등을 연습해야 한다. 이러한 요소는 유아가 책을 읽는 즐거움을 경험하는 좋은 기회를 제공한다.

(4) 예측하기

교사나 부모는 유아가 그림책을 읽기 전 '이 책이 무엇에 관한 것일까?'를 예측하는 연습을 하도록 유도해야 한다. 즉 그림책을 듣기 전에 그림책 표지의 그림과 배경, 제목을 관찰함으로써 그림책 내용에 대해 자신에 경험과 관련하

여 내용을 미리 상상해 보는 것이다. 그림책 내용을 읽기 전에 그림책의 제목을 추측하거나 상상하는 것은 유아의 그림책에 관한 관심과 흥미를 유발하게 한다.

2) 그림책 읽기 전 활동

그림책 읽기 전 활동의 핵심은 '예측하기'이다. 즉, 그림책을 듣기 전에 그림책 표지 그림과 배경, 제목을 관찰 · 탐색해 봄으로써 그림책 내용에 대해 자신에 경험과 관련해 내용을 미리 상상하는 것이다. 이는 유아가 자신 생각을 사전지식과 경험 등에 비추어 새로운 의미를 창조함으로써 능동적인 주체자가 되게 한다.

그림책의 표지는 그 책에 담고 있는 내용이나 특징을 한눈에 알아보고 그 책을 읽거나 보고 싶다는 결정을 할 수 있는 요인을 제공한다. 따라서 그림책을 읽기 전 표지 탐색을 통해 책이 전달하고자 하는 의미와 암시를 예측할 수 있다(서정숙 · 남규, 2005).

그림책을 읽기 전 '예측하기'의 활동은 다음과 같다.

- 표지에 있는 글자를 읽어 보게 한다.
- 유아가 이미 알고 있는 단어에 관해 이야기 나눈다.
- 제목이나 표지 그림을 통해 내용을 추측해 본다.
- 책의 작가와 화가에 대해 이야기해 본다.
- 책의 주제와 관련한 영유아의 경험에 관해 이야기해 본다.
- 그림만 보고 그림책의 제목을 지어 본다.

2. 그림책을 읽어 주는 단계

그림책 읽어 주기는 학습이 아닌 놀이로서 영유아에게 즐거움을 주는 활동인 동시에 장소, 사람, 사물에 대한 경험을 확장하며 정서적 만족과 즐거움을 주는 활동이다. 또한 자신에 대해 더 깊이 생각하게 하며 타인에 대해서도 고려할 수 있게 한다(Bromley 1996; 오복환 2005).

그림책을 읽어 주는 단계의 주의할 점과 방법은 다음과 같다.

1) 책을 읽어 주는 사람의 위치

책을 읽어 줄 때는 유아가 편안하게 들을 수 있도록 책 읽는 위치와 방향을 고려해야 한다. 책을 읽어 줄 때는 책을 읽어 주는 사람의 위치가 중요하다.

소집단이나 대집단의 유아에게 책을 읽어 줄 때는 유아와 반대 방향으로 앉아서 유아가 책을 잘 볼 수 있도록 책을 세워서 보여 준다. 영유아가 책을 볼 때 주의가 산만하지 않도록 출입문과 채광이 유아 뒤쪽으로 오게 방향을 잡는다.

2~3명 소수의 유아에게 책을 읽어 줄 때는 유아와 같은 방향으로 앉아서 읽어 주기 때문에 편안하고 친근하게 읽어 줄 수 있다. 또한 책이 보이는 방향이 유아와 같은 방향이기 때문에 책을 들지 않고 무릎에 올려놓을 수 있다.

2) 책을 읽어 주는 태도

유아에게 책을 읽어 줄 때는 자연스러운 목소리로 천천히 정확한 발음으로 읽어 준다. 교사가 천천히 책을 읽어 주면 영유아는 자기가 들은 내용을 음미하면서 상상할 수 있는 충분한 시간을 갖게 된다. 따라서 서두르는 느낌 없이 책에 있는 그림을 보거나 내용을 읽을 수 있도록 천천히 읽어 준다. 책을 읽는 속도는 이야기에 맞게 하며 책을 처음 읽을 때는 도중에 토론하거나 설명하려고 멈추는 것은 지양해야 한다.

교사의 따뜻하고 편안한 목소리와 태도는 유아에게 안정감을 주어 그림책에 몰입하게 하게 하고 책 읽는 즐거움을 경험하게 한다. 책을 읽어 주는 태도에 있어 주의할 점은 너무 편안한 자세로 책을 읽어 주지 않는다. 앞으로 기울이거나 비스듬히 앉은 자세로 책을 읽어 주면 책을 읽을 때 졸음이 올 수 있다.

3) 영유아의 반응

유아에게 그림책을 읽어 줄 때는 일방적으로 읽기보다는 영유아의 반응을 살피면서 읽어야 한다. 유아의 언어적 수준과 상상력, 주의 집중 시간을 고려하며 반응을 감지하면서 읽어 준다. 또한 유아의 반응에 따라 잠시 읽기를 멈추고 질문에 답을 하거나 대화하면서 읽어 준다. 이러한 과정을 통해 유아는 자신이 예측한 것을 확인하거나, 새로운 정보에 기초해 예측한 내용을 바꿀 수 있다.

유아가 내용을 잘 이해하지 못한 것 같다면 다시 이야기해 준다. 그리고 책을 읽어 주면서 유아가 이야기에 반응하고 그것에 관한 이야기를 자연스럽게 나눌 수 있도록 격려한다.

4) 함께 읽기

함께 읽기는 언어를 즐기고 실험할 수 있는 활동으로, 외우기 쉽게 되풀이가 되는 책이나 동시를 함께 읽는 것이다. 함께 읽기는 이야기의 내용에 나타난 분위기를 잘 전달할 수 있도록 몇 번에 걸쳐 반복해서 듣는 과정이 필요하다. 교사는 핵심 단어나 되풀이가 되는 문장에 주목할 수 있도록 반복해서 읽는다. 소집단 혹은 개인과 집단이 서로 목소리를 다르게 내어서 함께 읽기를 할 수도 있다. 함께 읽기는 유아가 가장 편안하고 즐거움을 느낄 수 있는 활동으로, 읽을 수 있는 유아는 같이 읽을 수 있도록 허용해 준다(한유미 외, 2006).

소리 내어 읽는 것은 유아의 읽기와 듣기 능력을 향상하고, 단어의 습득 능력과 이해력 증진에 효과적이다. 책을 소리 내어 읽음으로써 유아는 독립적으로 스스로 읽고자 하는 동기를 갖게 되고 책을 읽는다는 것은 재미있고 즐거우며 가치 있는 활동임을 깨닫게 된다(Cramer, 1975; Fisher & Tery 1990; Anderson 1984; 오경미 1997).

3. 그림책 읽기 후 단계

그림책을 읽어 준 후에는 유아의 흥미에 따라 다양한 활동을 하거나 그림책을 함께 읽으며 그림책에 대한 상호작용을 나눌 수 있다. 교사는 그림책을 읽은 뒤 처음부터 그림만 보면서 유아와 이야기를 나누거나 그림책에 대한 자신의 감정을 유아가 다양하게 표현할 수 있게 한다.

교사와의 상호작용을 통해 자신의 느낌과 생각을 경험하게 하는 것은 유아의 성장 발달에 있어 중요하다. 교사는 유아가 책의 내용을 이해하고 있는지 알기 위해 때때로 질문을 하게 된다. 그러나 그림책의 세부적 사항을 묻는 답이 결정된 질문은 적절하지 않다. 그림책의 세부적 사항을 묻는 방식의 질문은 유아의 감동을 파괴하고 스스로 생각하는 능력을 잃게 하기 때문이다.

교사의 질문 방식에 따라 유아의 사고를 제한시킬 수도 있고 새로운 아이디어를 불러일으킬 수도 있다(이두현, 1998). 교사의 적절한 질문은 유아의 감정과 요구를 확인하고 지식을 다양화하게 하여 사고를 촉진하며 언어 발달을 자극한다.

교사는 책을 읽어 주면서 적절한 순간에 다음에 무슨 일이 일어날지 질문을 할 수 있다. 이러한 질문은 유아가 그림책 내용의 예측을 위해 단서를 하나하나 살피게 만들고, 단서가 가지고 있는 특성에 대해서도 알게 한다. 유아는 예측한 내용을 토대로 자신에 경험과 관련된 단서를 연결하여 사건이나 상황을 상상하게 된다. 또한 화자가 되어 자신이 들은 이야기를 말로 다시 재현해 보거나 글로 표상해 봄으로써 그림책의 작가로서의 꿈을 키울 수도 있다.

※ 그림책 경험적 접근방법 질문(예시 『곰 사냥을 떠나자』)

- 이야기 속에 누가 나왔었는지 이야기해 볼 수 있겠니?
- 이야기 속의 커다란 곰이 나타난다면 무슨 일이 생길까?
- 이야기 속 주인공은 어떻게 해결했니?
- 이야기 속에서 제일 중요한 사람은 누구라고 생각하니?

그림책을 읽어 준 후 추후 활동에는 책의 내용을 간단히 회상해 보고 이야기의 구조나 인물의 특징을 이해하고 자신의 느낌이나 생각을 그림이나 글로 표현해 보는 것이다. 또한 등장인물이 경험하는 갈등, 특정한 사건이나 장면에 대해 유아가 자신의 경험과 연결해 보는 것이다. 이러한 과정은 유아의 자연스러운 언어 발달과 함께 표현 능력을 확장하게 한다.

유아에게 그림책을 읽어 준 후 추후 활동은 다음과 같다.

1) 다시 말하기와 이야기 꾸미기

다시 말하기는 유아가 다른 사람이 들려주는 동화를 듣고 나서 그 내용을 기억하여 회상하면서 자신에 경험과 언어능력에 따라 재구성해 다시 말해 보는 활동이다. 이러한 과정은 유아에게 자신의 경험과 관련하여 정보를 통합하고 개별화하는 것에 도움을 준다. 또한 다시 말하기 활동을 통해 일상적인 대화로 표현할 수 없었던 자신의 느낌과 즐거움을 표현할 수 있다.

이야기 꾸미기는 유아가 생각한 것을 혼자 또는 여럿이 함께 자유롭게 말로 표현하여 이야기를 꾸며 보는 활동이다. 그림책을 읽고 그 경험을 바탕으로 상상하여 이야기를 만들거나 글 없는 그림책으로 이야기를 꾸며 보는 활동 등을 할 수 있다.

2) 이야기 구조 알기와 순서대로 구성하기

이야기 구조 알기는 이야기의 구조를 간략하게 구조화된 표로 작성하면서 이야기를 이해하고, 이야기 구조에 대한 기초 개념을 형성하는 활동이다. 유아는 이야기 구조망이나 구조화된 표를 통해 이야기 구조 개념을 이해할 수 있다.

순서대로 구성하기는 그림책을 읽고 이야기의 구조를 탐색하는 활동이다. 순서대로 구성하는 활동을 통해 유아는 이야기의 시작과 끝에 대한 구조를 이해할 수 있다. 순서대로 구성하기는 유아가 문학 작품을 이해하도록 돕고 문식성 및 학습의 반응을 격려해 준다.

3) 동시 짓기와 동화 재구성하기

동시는 리듬을 가지고 있어 유아에게 청각적 즐거움을 줄 수 있다. 동시 짓기는 그림책을 읽고 이에 대한 느낌이나 경험을 동시로 표현하게 하는 활동이다. 유아의 즐거운 경험은 회상을 통해 시적 표현을 할 수 있게 한다.

동화 재구성은 동화의 원 구조는 두고 새롭게 재구성하고 싶은 부분의 문장을 바꾸어 보는 활동이다. 유아는 동화를 재구성하기 위해 창의적이고 독창적인 아이디어를 생각함으로써 언어 이해력과 표현력을 향상할 수 있다.

그림책의 내용을 자신의 경험과 상상을 바탕으로 재구성하는 활동은 유아에게 자연스럽게 언어에 관한 관심과 자신감을 가지게 하고 언어 표현력을 향상하게 한다(김정민, 2009).

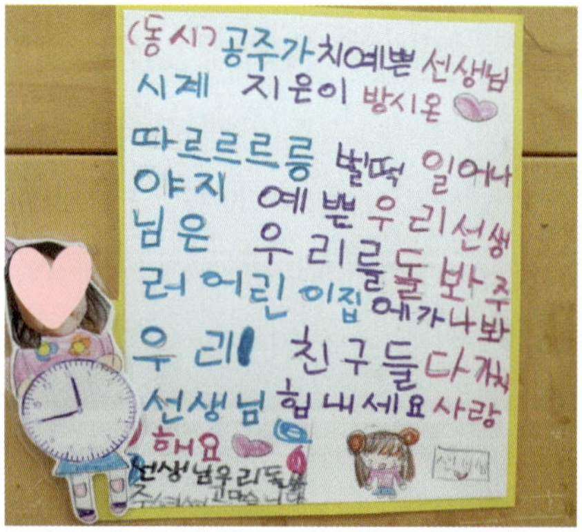

4) 동극과 동작 활동

동극은 그림책에 나오는 인물로 가장하여 그림책 내용과 대사를 중심으로 놀이를 하는 활동이다. 이 활동을 통해 유아는 이야기의 의미와 에피소드, 등장인물의 관점과 행위를 이해하게 된다. 또한 그림책의 중요한 장면을 유아가 스스로 연기하면서 등장인물이 어떠한 경험을 하고 상호작용하는지 알 수 있다.

동작 활동은 그림책의 동작적 요소와 극적인 요소를 신체 움직임으로 표현하는 활동이다. 유아는 몸으로 표현하는 활동을 통해 동작적 요소와 극적인 요소를 이해하게 된다. 유아는 이야기를 듣기만 하면 쉽게 잊어버리지만, 몸동작으로 표상한 것은 잘 기억한다(강연홍, 2007).

5) 토론하기

토론하기는 유아가 함께 공통의 관심사에 대해 의문을 제기하고 답을 얻기 위해 서로 다른 관점을 교환·검토함으로써 논의가 되는 문제에 대한 지식이나 이해, 평가나 판단, 결정, 결의, 혹은 행동 등을 주장하는 것이다(조선희, 2003). 유아는 토론을 통해 다른 사람과의 상호작용이 확대되며, 듣기와 말하기의 능력이 발달하게 된다. 또한 자신의 생각을 전달하고 다른 관점을 논의하는 과정을 경험함으로써 문제 해결력과 사회적 관계를 발달시킨다.

6) 게임하기

게임은 유아가 이야기를 이해하는 가장 흥미 있는 방법이다. 게임은 혼자 또는 집단으로 규칙과 방법을 정해 구성하여 놀이하는 특성이 있어서 자신과 타인의 사회적 · 인지적 · 정서적인 발달 여부를 평가할 수 있는 좋은 교육적 매체이다. 교사는 그림책 이야기 줄거리가 제시된 게임판이나 이야기의 에피소드를 즐길 수 있는 게임 등 다양한 게임을 만들 수 있다. 예를 들어 존 버닝햄의 『크리스마스 선물』을 읽은 후 마지막 페이지에 있는 그림을 게임판으로 만들어 게임을 즐길 수 있다.

7) 저널 쓰기와 편지 쓰기

저널 쓰기는 유아가 그림책을 읽고 자신이 선택한 주제를 글로 표현하는 활동이다. 유아는 저널 쓰기를 통해 자신의 느낌과 생각을 글로 자유롭게 표현할 수 있다(조정옥 외, 2002). 유아는 글자를 쓰면서 다른 사람과 소통할 수 있다는 것을 알게 되고 쓰기에 있어 좀 더 의미를 부여하게 된다.

편지 쓰기는 주인공에게 자신의 느낌을 전하는 편지를 쓰거나 작가에게 편지를 써 보는 활동이다. 또한 작가나 삽화가의 글과 그림의 특징에 관해 유아와 이야기를 나눈 후 편지를 써 보는 활동도 있다.

8) 인물평과 등장인물 이름 짓기

인물평은 개인의 인품이나 능력 또는 행적 상의 잘잘못 따위를 비판하고 평가하는 활동이다. 유아는 그림책의 등장인물 성격, 이름, 생김새, 느낌, 특성, 행동 파악을 통해 인물평을 할 수 있다.

등장인물 이름 짓기는 그림책의 주인공과 등장인물들의 이름을 새롭게 지어 보는 활동이다. 유아는 등장인물 이름 짓기 활동을 통해 그림책의 내용을 회상하며 등장인물에 관한 생각과 느낌을 표현할 수 있다.

9) 인상 깊은 장면 그리기

그림책을 보고 나서 좋았던 점이 무엇인지 이야기하고 가장 인상 깊었던 장면을 그림으로 그려 보는 활동이다. 유아는 인상 깊은 장면을 그려 봄으로써 동화 내용을 다시 기억할 수 있고 자신의 느낌과 경험을 자유롭게 표현할 수 있다.

생·각·열·기

1. 『작은 배가 동동동』을 읽기 전 예측하기 활동을 해 봅시다.

2. 『곰 사냥을 떠나자』의 의성어 · 의태어를 활용하여 문답식으로 읽어 봅시다.

3. 그림책 한 권을 선정하여 그림책을 재구성해 봅시다.

제7장

유아문학 매체

학습목표

1. 유아문학 매체의 특징을 안다.
2. 각 매체가 가지는 특징과 구연 방법을 안다.
3. 문학과 문학 매체의 관련성을 이해한다.
4. 유아에게 적합한 매체를 평가하여 제시할 수 있는 분석적 사고 능력을 갖출 수 있다.

『무지개 물고기』
마르쿠스 피스터 글·그림. 공경희 역. 시공주니어. 1994

유아를 위한 문학 교수의 매체는 문학 작품의 원래의 목적을 왜곡하지 않으면서도 작가의 의도를 잘 파악해 진의를 전달할 수 있어야 한다.

평면적 도서를 여러 유형의 입체 동화로 제작하고자 할 때, 교사는 평면적 도서를 통해 전달할 수 없는 움직임을 잘 살려 이야기 내용을 보다 효과적이고 생동감 있게 전달할 수 있어야 한다. 효과적으로 이야기를 들려줄 수 있으려면 이야기의 구성, 등장인물의 특징, 배경의 분위기, 사건 전개의 특징 등에 맞도록 동화를 제작하여야 한다(고문숙, 1999).

1. 낱장 동화

1) 특징

동화의 장면을 낱장 그림으로 그려서 교사의 무릎이나 책상 위에 세워 한 장씩 뒤로 넘기면서 이야기를 들려주는 방식이다.

2) 제작 방법

- 동화의 줄거리를 고려하여 몇 장의 그림을 고를지 결정한다. 이때 전체 동화의 장면 수는 겉표지를 포함하여 13~15장이 적절하다.
- 그림의 크기는 유아의 수를 고려하되 일반적으로 4절지 크기가 적당하며, 종이가 너무 얇으면 찢어지거나 뒤로 넘길 때 날아갈 수 있고, 두꺼운 종이는 무거워서 넘기기가 쉽지 않기 때문에 마분지 정도의 두께를 가진 종이를 사용한다.
- 첫째 장면에는 그림 제목과 관련된 내용을 구성하고, 그릴 그림이 정해지면 종이 위에 한 장면씩 그림을 그리거나 확대 복사하여 사용할 수 있다.
- 물감, 색연필, 크레파스, 파스텔 등 다양한 재료로 채색할 수 있으며, 여러 질감을 표현하기 위해 한지, 부직포, 신문, 색지 등 사용할 수 있다.
- 그림 뒷면에는 페이지를 표시하고 그림 내용은 컴퓨터로 타이핑한 후 오

려 붙인다(번호와 내용은 맨 첫 장의 그림 동화가 맨 마지막 장 그림 동화 뒤에 적혀 있어야 한다).

- 그림을 오랫동안 보관·사용하기 위해 투명시트지 또는 아세테이트지를 씌운다.

3) 활동 방법

- 유아들에게 낱장 동화를 제시하기 전에 순서대로 되어 있는지 번호를 확인한다.
- 모든 유아가 그림을 잘 볼 수 있도록 동화의 높이, 유아와의 거리를 고려하여 위치를 정한다.
- 교사의 얼굴이 그림에 가려지지 않도록 주의한다.
- 교사는 동화의 내용이 그림 뒤에 적혀 있더라도 내용을 충분히 파악하여 유아들의 반응을 살피며 흥미 있게 구연해 준다.
- 동화의 분위기와 등장인물의 성격 등을 잘 묘사하면서 읽어 주는 것이 바람직하다.
- 동화를 다 보여 준 다음 유아들이 내용을 회상할 수 있도록 소리 내지 않고 그림만 처음부터 끝까지 다시 보여 준다.

낱장 동화 제작 예시

열 꼬마 도깨비

2. 앞치마 동화

1) 특징

앞치마 동화는 앞치마를 활용해 이야기의 배경을 만들고, 그림 자료를 앞치마에 붙여 이야기를 들려주는 방법이다. 배경이 많지 않은 이야기에 적합하며, 앞치마의 주머니를 활용하여 동화 이야기를 더 흥미롭게 진행할 수도 있으며, 동화를 들려주는 사람과 유아가 가깝게 앉아 친밀하게 동화를 들을 수 있는 장점이 있다.

2) 제작 방법

배경 색상을 고려하여 부직포 등을 활용하여 앞치마를 만든다. 등장인물은 앞치마에 붙여 사용할 수 있도록 뒷부분에 벨크로를 연결하여 만들고, 앞치마의 한쪽에는 주머니를 만들어 등장인물을 넣어 둔다.

3) 활동 방법

- 교사가 앞치마 동화를 유아들에게 보여 주면서 등장인물의 방향이 유아들이 보는 방향에서 바뀌지 않도록 주의한다.
- 앞치마가 접히거나 구겨져서 유아들이 동화를 감상하는 데 방해되지 않도록 유의한다.
- 주머니에서 그림 자료를 꺼낼 때는 이야기의 흐름이 끊기지 않도록 미리 순서를 파악하도록 한다.
- 배경이 적고 내용이 단순하며 문장이 간결하고 재미있는 동화를 선택하는 것이 유익하며, 등장인물이 차례로 등장하는 장면이 연출되는 동화도 흥미롭다.

앞치마 동화 제작 예시

누가 내 머리에 똥 쌌어?

무지개 물고기

3. 융판 동화

1) 특징

하드보드지, 나무판 등에 융을 입혀 그림 자료를 붙일 수 있도록 하여 이야기를 들려주는 방식으로, 제작하기 쉬우면서도 이야기의 플롯은 기존의 이야기에 새로운 장면과 사건을 첨가하여 사용할 수 있도록 제작할 수도 있다. 이야기가 누적되거나 등장인물이 점차 늘어나거나 줄어드는 내용을 담고 있는 동화, 전체 내용에서 한 부분만이 계속 변화하는 동화, 등장인물이 차례로 등장하는 동화에 적합하다.

2) 제작 방법

(1) 융판 제작

하드보드지판, 합판, 아크릴판 등과 같은 판판한 판에 본을 떠서 융을 씌운다. 만약 3면을 활용한 입체적인 융판으로 제작하였을 경우 한 면을 접어 둔 채 두 면만 사용할 수 있도록 제작하여 보관이 용이할 수 있도록 제작한다.

(2) 등장인물과 대상물 제작

- 등장인물과 대상물은 만들거나 잡지, 그림 등에서 필요한 부분을 오린 후, 뒷부분에 적절한 크기의 벨크로를 붙인다.
- 등장인물과 대상물을 제작할 때는 융판 위에 눈에 잘 띄는 색을 선정한다.
- 동화 등장인물의 왼쪽과 오른쪽이 바뀌지 않도록 주의한다. 등장인물이 이야기 나누는 경우에는 서로 마주 보는 방향으로 제작하도록 유의한다.

3) 활동 방법

- 동화를 들려줄 때에는 미리 그림 조각이 모두 있는지를 확인하고 제시 순

서대로 그림 자료를 준비해 둔다. 이때 번호가 보이도록 뒤집어서 두면 번호를 보고 순서대로 제시할 수 있어 편리하다.

- 유아들이 잘 볼 수 있도록 융판 길이의 2~3배 정도의 거리를 두고 자리에 앉히며 반원 형태로 앉히는 것이 가장 이상적이다.
- 융판의 그림 자료가 교사의 손에 가려지지 않도록 위치 선정에 주의한다.

융판 동화 제작 예시

무지개 물고기

숨 쉬는 항아리

고무신 기차

4. 자석 동화

1) 특징

등장인물이나 배경 등을 그리고 코팅을 한 후 그림 조각 뒷면에 자석을 붙여 탈부착이 가능하도록 제작한 동화이다. 동화 제작이 간편하면서도 이야기를 들려주는 동안 화면 구성에 변화를 줄 수 있어 유아들의 흥미와 호기심을 끌기에 충분하며, 유아들도 쉽게 조작할 수 있고 이야기를 재구성하는 데도 효과적이다. 융판 동화의 기능에 움직일 수 있는 기능이 첨가되므로 등장인물이 차례로 등장하는 내용에 주인공이 달려가거나, 새가 날아가는 등의 움직임을 표현하기에 좋다.

2) 제작 방법

- 시중 판매 자석 판의 크기는 가로 60~90cm, 세로 45~60cm 정도가 적당하다. 다만 동화자료의 크기와 한 번에 붙이는 그림 조각 개수를 고려하여 결정해야 한다.
- 직접 만드는 자석칠판은 함석판에 시트지나 종이테이프 등을 붙이고, 천이나 시트지로 감쌀 때 모서리나 접착 부분 처리가 깔끔하게 마무리되도록 한다.
- 자석판 이외의 그림 자료에는 자석을 붙이는데 이때 자석판에 잘 붙을 수 있도록 N, S극을 확인해야 한다.

3) 활동 방법

- 등장인물이 제시되는 순서를 표시하여 활동 시에 시간을 허비하지 않도록 한다.
- 자석 그림 자료들이 서로 붙지 않도록 순서대로 놓아둔다.

자석 동화 제작 예시

내 귀는 짝짝이

※ 아크릴판 위의 자석이 잘 움직일 수 있도록 N, S극이 있는 막대자석을 아크릴판 뒤에 놓고 움직이게 한다. 아래는 아크릴판을 이용한 매체이다.

뛰어라 메뚜기

5. 그림자 동화

1) 특징

등장인물과 필요한 배경 등을 스크린에 대고 뒤에서 빛을 쏘고 그림자를 만들어 이야기를 들려주는 방법이다. 그림 자료에 색 셀로판지를 이용하면 여러 색의 그림자가 생기므로 신비로우면서도 유아들의 상상력이 풍부해지게 할 수 있다. 음산하고 어두운 분위기의 이야기나 마녀, 귀신, 마술사, 도깨비 등의 신비로운 인물이 나오는 이야기라면 그림자 동화가 효과적이다.

2) 제작 방법

두꺼운 종이나 포맥스, 마닐라지 등을 각각의 인물에 아크릴 막대를 붙여 그림자 동화에 사용할 인물을 제작한다. 마닐라지에 인형을 그리고 오려서 제작하는 경우가 많은데 이 경우는 인형의 테두리만 남기고 안을 파내고 색 셀로판지를 붙이면 색이 있는 그림자극이 되고, 그대로 두거나 흰 셀로판지를 붙이면 흑백의 그림자가 생긴다. 인형의 안을 다 파내지 않고 형태를 표현하기 위해 필요한 칼집만을 내어 표현할 수도 있다.

3) 활동 방법

- 그림자 인형의 조작은 간편하여 스크린에 비추기만 하면 되나, 움직임이 없을 경우 단조로울 수 있으므로 좌우로 또는 앞뒤로 조금 움직여 준다.
- 인형을 앞뒤로 바꾸어 비추면 왼편과 오른편의 모습을 표현할 수 있다.
- 그림자 인형은 스크린에 가까우면 그림자가 작으나 형태는 뚜렷하고, 스크린에서 멀어지면 그림자는 흐려지나 형태가 커지므로 이를 활용해 인물의 등장이나 걷는 모습을 표현할 수 있다.
- 그림자인형극을 할 때는 손이나 머리 부분이 화면에 나타나지 않도록 주의해야 한다.

그림자 동화 제작 예시

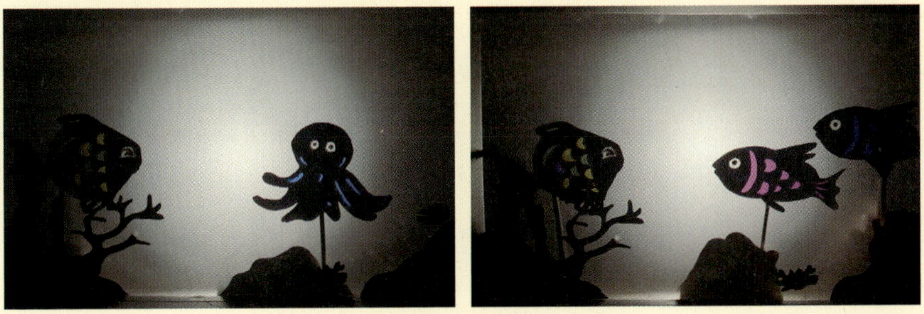

무지개 물고기

6. 막대 동화

1) 특징

동화의 등장인물이나 필요한 배경을 만들어 그림 뒷면 또는 인형 사이에 막대를 붙이고, 막대를 조절하여 동화를 들려주는 방법이다. 동화자료의 제작 방법이 간편하고 손쉬우며, 활동방법이 단순해 수줍어하는 유아나 어린 유아가 활동하며 놀이로 즐길 수 있다.

2) 제작 방법

- 휴지심, 종이컵, 그림 자료 등 사용하기 쉬운 자료를 활용하여 제작할 수 있으며, 인형의 크기는 15~20cm 크기가 적당하다.
- 인형에 사용할 막대는 인형의 1.5배 정도로 길이의 나무젓가락 또는 숟가락 등을 사용할 수 있다.
- 손목, 팔꿈치의 관절 부위를 겹쳐 할핀으로 고정하거나 막대를 연결하면 손이나 팔을 움직일 수 있다.

※ 상자나 봉투에 담아 보관하는 것이 좋으며, 인형의 뒷면이나 한쪽 구석에 번호를 매겨 인형의 개수를 확인할 수 있게 한다.

3) 활동 방법

- 등장인물이 5~6명 정도 나오는 것으로 선정하는 것이 좋다.
- 등장순서에 맞게 막대 인형을 차례대로 준비하고 다른 등장인물과 겹치지 않도록 동선을 미리 생각한다. 막대 인형은 배경의 왼쪽과 오른쪽으로 등장 및 퇴장을 시킨다.
- 대사를 말하는 경우, 막대 인형을 너무 많이 움직이지 말고 가볍게 움직여 주도록 한다.

※ 유아가 함께 참여할 때는 유아의 의견을 고려해 인형을 배분하고 낮은 책상에 둘러앉아 진행한다.

막대 동화 제작 예시

종이컵과 나무젓가락 활용

숟가락, 하드바 활용

아기 돼지 삼 형제

수수깡, 요구르트병, 빨대 활용

멋진 뼈다귀

7. 손 인형 동화

1) 특징

인형 안에 손을 넣고 말하는 소리에 따라 입을 벌려 인형이 말을 하는 것처럼 보이도록 하는 동화 방법이다. 등장인물의 수가 적은 동화에 적합하고, 유아들의 주의 집중이 필요한 경우 많이 활용한다.

2) 제작 방법

시중에 판매하고 있는 다양한 종류의 손 인형을 활용할 수 있으며, 부직포나 양말, 헝겊, 상자 등 다양한 재료를 활용하여 제작할 수도 있다.

3) 활동 방법

- 손 인형을 이용하여 동화를 들려줄 때 손과 팔이 앞으로 기울어지지 않도록 한다.
- 등장인물과의 대사를 나눌 때 입 모양을 잘 맞출 수 있도록 한다.

손 인형 동화 제작 예시

「쥐의 결혼」 손 인형

다양한 동물 손 인형

8. 손가락 인형 동화

1) 특징

인형을 손가락에 끼워 이야기를 들려주는 방식으로, 유아가 손쉽게 놀이할 수 있다는 장점이 있다.

2) 제작 방법

손가락 장갑에 여러 등장인물을 붙여 제작할 수도 있으며, 부직포 또는 천을 활용하여 하나의 손가락에만 끼우는 형태로도 제작할 수 있다.

3) 활동 방법

- 왼손과 오른손으로 나누어 끼우고 주먹을 쥔 상태에서 이야기를 시작한다.
- 등장인물이 등장할 때 해당 등장인물의 손가락을 앞뒤로 또는 위아래로 굽혔다가 폈다 하면서 해당 손가락을 움직인다.

손가락 인형 동화 제작 예시

우리 집

쥐의 결혼

다양한 동물 손가락 인형

9. 테이블 동화

1) 특징

테이블 위가 인형극의 무대가 되며, 동화의 배경을 만들어 세운 후 배경 앞에 다양한 등장인물을 세워 움직여 가면서 동화를 들려주는 방법이다.

2) 제작 방법

- 하드보드지, 부직포 등으로 등장인물을 만든 후 등장인물이 무대 위에 잘

세워질 수 있게 요구르트 통, 깡통, 우유갑 등을 받침대로 이용한다.
- 모래, 곡식 등을 채워 넣으면 무게가 있어 등장인물이 잘 넘어지지 않는다.

3) 활동 방법

- 테이블 크기는 등장하는 인물의 수, 역할의 중요도, 유아가 조작 가능한 크기 등을 고려하여 보통 가로 60~90cm, 세로 45~60cm 정도로 준비한다.
- 테이블 인형극 무대는 유아들의 눈높이보다 낮게 한다.
- 테이블이나 무대에 인형을 세워 놓고 이야기가 전개됨에 따라 인형을 움직이며 동화를 들려준다.
- 등장인물의 등장 및 퇴장할 때 미리 동선을 고려하여 구연한다.

테이블 동화 제작 예시

아씨방 일곱 동무

강아지 똥

터널

※ 배경 테이블에 깡통을 연결하여 터널 속에 주인공이 직접 들어갈 수 있도록 제작한 예

10. 디오라마 동화

1) 특징

여러 모형을 배경과 함께 설치하여 특정 장면의 한 장면을 구성하여 만든 동화이다. 입체감과 원근감, 색채감이 뚜렷해 사물의 실제적인 환경을 재현한다. 강한 현실감을 주어 유아들의 흥미를 이끌어 낼 수 있는 것이 장점이다.

2) 제작 방법

유니랩 심 등을 이용해 돌아가는 배경을 만들 수 있다. 또는 하드보드지를 겹쳐 배경을 만들고 장면을 연출할 수 있다.

3) 활동 방법

- 다양한 형태를 배경으로 선정하여 디오라마 동화를 만들었을 경우, 이야기가 전개됨에 따라 배경을 돌려가면서 동화를 들려준다.
- 동화 내용을 선정할 때는 기승전결과 변화가 뚜렷한 짧은 동화를 선정하여 3~4가지 형태 안에 동화의 내용이 들어갈 수 있도록 한다.

디오라마 동화 제작 예시

지각대장 존

갯벌이 좋아요

깊은 밤 부엌에서

마녀 위니

농부와 곰

※ 종이컵을 활용하여 유아가 간단하게 동화를 제작한 예

11. 파일 동화

1) 특징

파일을 구입하여 동화의 특징에 맞게 제작할 수 있고, 여러 장소를 이동하며 공연하기에 용이하며, 보관이 용이한 장점이 있다.

2) 제작 방법

파일 위쪽에 칼집을 내어 동화 속 등장인물을 등장하도록 한다. 줄 인형 형식이나 자석을 이용해 등장인물이 등장하도록 할 수 있다.

3) 활동 방법

- 등장인물이 균형 있게 움직일 수 있도록 낚싯줄을 연결해서 할핀에 묶은 후 파일에 칼집을 내어 파일 뒷면에서 인형이 왔다 갔다 움직일 수 있도록 조작한다.
- 등장인물이 등장하고 퇴장하는 순서를 정하여 활동 시 혼란스럽지 않도록 한다. 줄이 서로 엉키지 않도록 주의하는 것이 좋다.

파일 동화 제작 예시

검피 아저씨의 뱃놀이

12. 미디어를 활용한 동화

1) PPT 동화

(1) 특징

동화의 내용을 사진을 찍거나 스캔하여 이미지 형태로 만든 후, 동화 속 등장인물 및 상황 등에 다양한 애니메이션 효과를 주어 이야기를 들려주는 형태이다. PPT에는 슬라이드를 전환하거나 부분적으로 강조하고 싶을 때 효과를 줄 수 있다.

(2) 제작방법

- 동화의 각 장면을 스캔하거나 사진으로 찍어 순서대로 PPT 슬라이드 안에 배열한다.
- 효과를 넣고 싶은 부분에 PPT 기능을 활용하여 애니메이션 효과를 넣는다.
- 동영상 형태로 저장하면 흐름이 끊기지 않고 동화를 들려줄 수 있다.

※ PPT 이외에 window 무비메이커를 활용하여 동화를 제작할 수 있다.

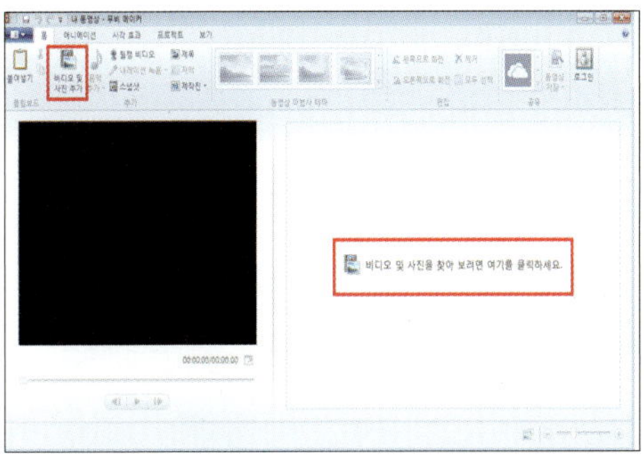

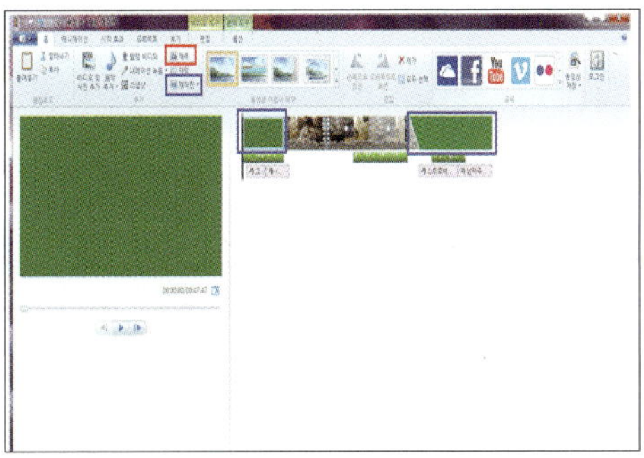

(3) 활동 방법

- 애니메이션 효과를 클릭해야 하는 부분을 잘 확인한 후 동화를 들려준다.
- 애니메이션 효과가 많을 경우, 유아들의 집중이 떨어질 수 있으므로 필요

한 부분에만 효과를 넣어 이야기를 들려주는 것이 좋다.

PPT 동화 제작 예시

무지개 물고기

마술연필

2) 스톱 모션 애니메이션

(1) 특징

일정한 대상 혹은 그림을 조금씩 손으로 움직여가며 한 콤마씩 정지된 상태를 촬영하여 연속된 동작을 만들어 내는 동화를 말한다.

(2) 제작 방법

- 다양한 미술도구를 활용하여 배경 및 등장인물 캐릭터를 제작한다.
- 대사에 맞게 인형과 소품을 조금씩 움직여 가며 사진을 찍는다.

• 장면에 맞는 대사를 녹음한 후 편집 프로그램을 활용하여 스톱 모션 애니메이션을 제작한다.

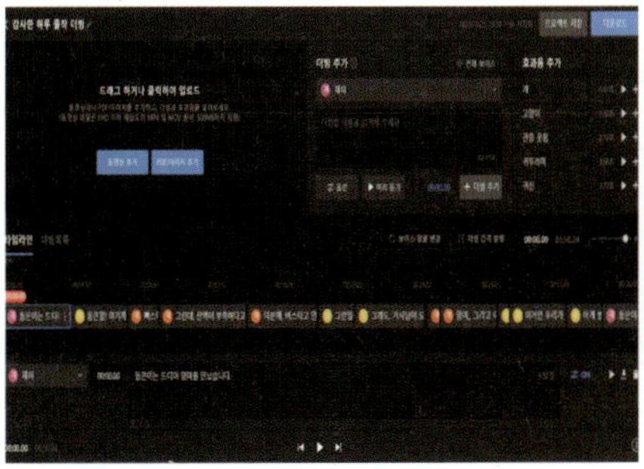

(3) 활동 방법

• 제작된 동화는 전자기기(컴퓨터, TV 등)를 활용하여 유아들에게 보여 준다.

감사한 하루

3) 전자 동화책 및 온라인 게임

(1) 특징

종이 형태가 아닌 배경음악, 내레이션, 효과음, 동영상, 게임 등의 디지털 요소를 포함한 형태를 전자매체를 통해 보여 주는 것을 말한다. 오디오 동화, 웹사이트 동화, 증강현실 동화 등 다양한 형태로 보여 줄 수 있으며, 멀티미디어요소는 유아가 내용을 쉽게 이해하고 집중하는 데 용이하다. 또한 시간과 공간의 제한이 없기 때문에 전자기기만 준비되어 있다면 어디서든 활용할 수 있다. 다만 어린 영유아기 시기부터 디지털 영상을 지나치게 접하다 보면, 다양한 사회문제가 발생할 수 있기 때문에 부모 또는 교사가 동화를 들려준 후에는 동화의 내용에 대해 상호작용을 할 수 있는 시간을 꼭 마련할 필요가 있다.

오디오 동화

출처 : 오디오 클립 https://audioclip.naver.com/

영상 동화

출처 : 쥬니버 https://jr.naver.com/

증강현실 그림책『어메이징 공룡 월드』

책마중 글 · 비타민상상력 그림. 스마트베어. 2015

전래동화를 활용한 온라인 게임 / 틀린 그림 찾기, 같은 그림 찾기

증강현실 매체 활용 놀이 1

※『깜깜한 게 무섭다고, 내가』(마갈리 르 위슈 글·그림. 박대진 역. 보림. 2017)를 읽고

그림책 표지 따라하기

[인상깊은 장면]

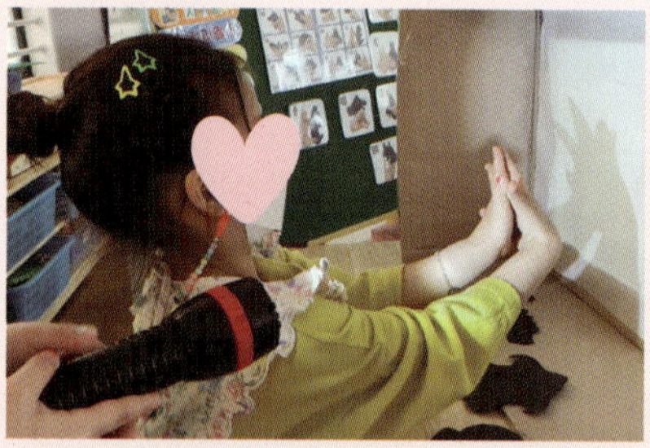

"동화 속 동물을 어떻게 표현하면 좋겠니?"라고 질문했더니 "손으로 만들어요, 제가 만들 수 있어요."라고 대답함(동화 속 동물 상상하여 표현하기)

"동화 속에 나온 것 중에 무엇이 기억에 남니?"라고 질문했더니 "늑대, 악어, 유령, 괴물이요."라고 대답함(동화 속 장면 회상하여 그리기)

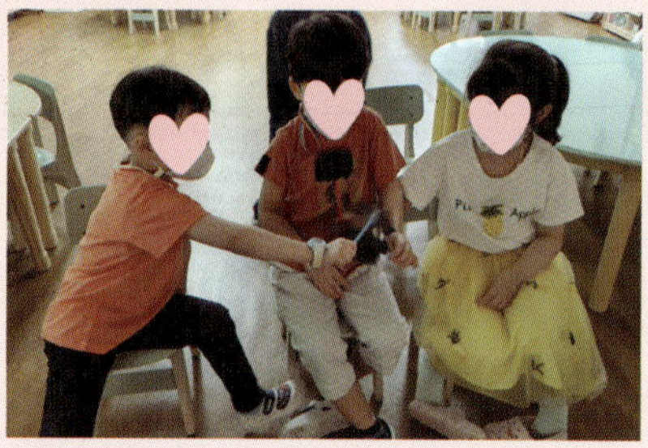

"등장인물을 어떻게 꾸미면 좋을까?"라고 질문했더니 "검은색 종이로 무섭게 꾸며요."라고 대답함(등장인물 만들기)

"그림자를 통해 무서움을 어떻게 표현할까?"라고 질문했더니 "괴물을 만들어요, 그림자를 크게 해 봐요."라고 대답함

[뒷이야기 만들기]

"꿈에 나오면 무서울 것 같은 것은 무엇이 있을까?"라고 질문했더니 "어몽어스, 유령, 호랑이요."라고 대답함

"유령을 잡았을 때 기분이 어땠니?"라고 질문했더니 "기분 좋았어요, 또 잡고 싶었어요, 제가 유령이 되고 싶었어요." 라고 대답함(등장인물 되어 보기)

동극의 장면을 이야기하여 정함(기억에 남는 장면)

무서운 동물, 유령이 순서대로 나타남 (시간)

증강현실 매체 활용 놀이 2

※ 『친구 할까?』(샤를로트 가스토 글·그림. 박선주 역. 보림. 2017)를 읽고

[인상깊은 장면]

"어떤 장면이 보이니?"라고 질문하니 "꽃이 피어났어요.", "비가 정말 내리는 것 같아요."라고 대답함

"이 조각을 모으면 어떻게 될까?"라고 질문했더니 "사랑하는 우리 반 친구 얼굴이 되어요, 친구 얼굴을 빨리 맞춰 줄 거예요."라고 대답함

'친구 할까?' 극놀이 활동을 하면서 "누구 할래?"라고 질문했더니 "난 ○○이 할 거에요.", "○○이 할 거예요."라고 자신의 이름을 대답함

[뒷이야기 만들기(실외놀이)]

주인공이 홀로 있는 모습을 보고 주인공이 외로워 보인다고 감정이입을 함

주인공이 나무 뒤에서 누군가와 숨바꼭질을 하는 것 같다며 친구가 생겼을지도 모른다고 기대함

"저도 나무 요정과 친구가 되고 싶어요."라고 이야기하며 어떻게 하면 친구가 될 수 있는지 상상해 봄

증강현실 매체 활용 놀이 3

※『어메이징 공룡월드』(책마중 글·비타민상상력 그림. 스마트베어. 2015)를 읽고

[인상깊은 장면]

"하늘에 사는 공룡이랑 바다에 사는 공룡이 있는 게 신기해요."라고 이야기함

"공룡이 다 다른 먹이를 먹고 생김새도 달랐어요. 저는 안킬로사우루스를 좋아해요."라고 이야기함

"코끼리 닮은 건 이름이 뭐예요? 공룡이 사라지고 코끼리는 살았나 봐요."라고 이야기함

[뒷이야기 만들기(실외놀이)]

"공룡은 왜 멸종했을까?"라는 질문에 대해 "먹이가 없어서요.", "화산 때문에요."라고 대답함

"공룡은 왜 멸종했을까?"라는 질문에 대해 "운석이 충돌했어요."라고 대답하며 책 내용에 대한 이해를 나타냄

"공룡은 왜 멸종했을까?"라는 질문에 대해 "운석이 충돌하며 기후가 변해서 먹이가 없어졌어요."라고 대답하며 인과관계에 대해 이해하고 설명함

제 8 장

유아문학 활동

학습목표

1. 그림책 이야기 배경, 등장인물, 사건, 결말과 관련된 활동을 안다.
2. 동시를 교육하는 방법을 알고 적용할 수 있는 태도를 기를 수 있다.
3. 전통문학을 교육하는 방법을 알고 적용할 수 있다.
4. 동극을 교육하는 방법을 알고 적용할 수 있는 태도를 기를 수 있다.

1. 그림책

1) 그림책 배경과 관련된 활동

(1) 배경 바꾸기

내가 작가라면 이야기의 배경을 어떻게 바꾸어 보고 싶은지 이야기해 보고 그림으로 그려 본다.

(2) 배경 소개하기

다른 그림책에서 각자 좋아하는 배경을 골라 다른 아동에게 자신이 선택한 배경을 소개한다.

배경 순서 구성하기

2) 등장인물과 관련된 활동

(1) 그림책의 등장인물에 관해 이야기 나누기

그림책에 나오는 등장인물은 누구인지, 등장인물 중 자신이 좋아하는 등장인물은 누구인지, 왜 좋아하는지 이야기 나눈다.

예 『개구리 왕자』 듣고 이야기 나누기

- 개구리 왕자는 왜 공주에게 공을 찾아주었을까?
- 공주는 왜 개구리 왕자를 보고 친구가 될 수 없다고 생각했니?
- 너희가 공주가 되어 개구리와 결혼해야 한다면 어떤 느낌이 들겠니?
- 결혼한 공주와 개구리는 나중에 어떻게 되었을까?

(2) 그림책의 등장인물 흉내 내기

그림책에 나오는 등장인물의 상황, 감정에 대해 이해하고, 흉내 내어 본다.

(3) 다른 그림책의 등장인물과 비교하기

읽은 그림책에서 나오는 등장인물의 유형과 비슷한 등장인물을 다른 그림책에서 찾아본다.

예 패러디 동화 '제가 잡아먹어도 될까요?'

- 유아들과 패러디 동화에서 본 늑대를 그림으로 그려 본다.
- 패러디 동화 속 늑대는 어떤 성격의 친구인 것 같은지 이야기해 본다.

"루카스는 어떤 늑대였나요?"

(4) 그림책의 등장인물을 그림으로 표현하기

등장인물을 그림으로 그린 후 제목과 함께 게시판에 게시한다.

(5) 등장인물 분석하기

- 등장인물의 외모, 성격, 느낌을 그림으로 그려 표현해 본다.
- 등장인물을 복사하여 종이에 붙이고 서로 관계가 있는 인물끼리 연결하거나 등장인물 간의 관계를 글로 써 본다.
- 등장인물의 행동, 감정, 태도 등 궁금한 것에 대한 질문 목록을 만든다.

예 『세상에서 가장 큰 여자 아이 안젤리카』 읽고 편지 쓰기

- 안젤리카의 모습은 어떠했나요?“
- 안젤리카는 자신의 모습을 어떻게 생각했나요?
- 안젤리카는 아름다운 아이였나요?

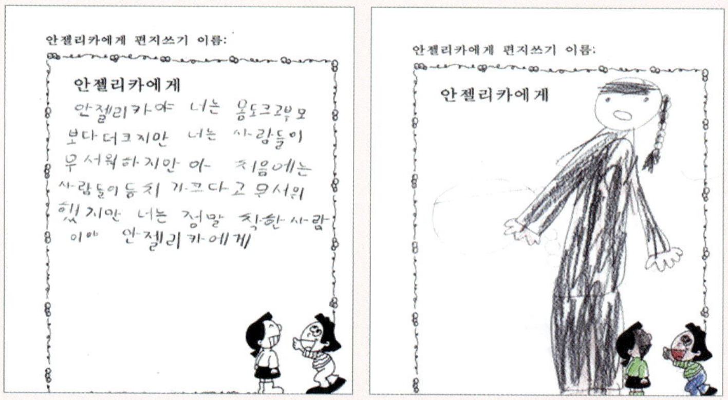

등장인물과 관련된 활동 예시

3) 이야기 사건과 관련된 활동

(1) 그림책의 인상 깊었던 사건 이야기 나누기

그림책의 사건 중 재미있거나 인상 깊었던 사건을 이야기 나눈다.

(2) 이야기 중심 사건 그림 그리기

이야기 주요 사건을 그림으로 그리고 유아에게 이야기 사건을 순서대로 나열하게 한다.

(3) 이야기 전개 바꾸기

이야기 사건 중 한 사건의 전개를 바꾸어 놓았을 때 어떻게 이야기가 달라질 수 있을지 이야기 나눈다.

(4) 이야기 사건 새롭게 만들기

이야기 사건을 새롭게 첨가하는 경우 어느 부분이 적절한지 이야기 나누고, 이야기의 사건 중 덧붙이고 싶은 사건을 그림으로 그려 본다.

(5) 이야기 갈등 찾아보기

이야기 구성을 다채롭게 만드는 갈등을 찾아본다.

(6) 갈등을 해결할 방법 토의하기

주인공이 사건에서 야기된 갈등을 해결한 방법에 대해 토의한다.

제가 가장 인상 깊었던 장면은 모두가 힘을 합쳐 순무를 뽑는 장면입니다. 너무 커서 할아버지 혼자의 힘으로 뽑기 힘들었던 순무를 할머니, 손녀, 강아지, 고양이, 생쥐까지 모두 힘을 합쳐 뽑았습니다. 모두 힘을 합치면 어떠한 문제도 해결할 수 있다는 것을 알려 주어서 가장 중요한 장면이라고 생각합니다.

이야기 사건과 관련된 활동 예시

4) 이야기 결말과 관련된 활동

(1) 이야기 결말에 대한 느낌 이야기 나누기

이야기 결말에 대한 느낌을 유아들이 서로 이야기 나눈다.

(2) 이야기 결말 새롭게 바꾸기

유아들이 작가라면 이야기의 마지막 결말을 어떻게 바꾸고 싶은지 이야기 나눈 후 그림으로 표현한다.

이야기 결말과 관련된 활동 예시

5) 이야기 주제와 관련된 활동

(1) 이야기 주제에 대한 느낌 이야기 나누기

이야기를 들은 후 가장 기억에 남는 것, 주제를 통해 내가 알게 된 점, 느낀 점 등에 관해 이야기 나눈다.

(2) 공통된 주제 모으기

몇 권의 그림책을 보며 비슷한 주제를 가진 내용의 동화책을 모아 보고 공통된 주제가 무엇인지 찾아본다.

(3) 주제를 통한 새로운 이야기 만들기

그림책 주제를 활용하여 다른 이야기를 만들어 본다.

TIP 원작 동화와 패러디 동화의 비교 활동

- 『아기 돼지 삼 형제』를 들은 후 내가 생각하는 돼지와 늑대의 모습을 그림으로 그려 본다.
- 패러디 동화를 들은 후 돼지와 늑대에 대해 달라진 생각을 그림으로 그려 본다.
- 두 그림을 서로 비교한 후 왜 그렇게 그렸는지 이야기 나눈다.

패러디 동화를 듣기 전

패러디 동화를 들은 후

"내가 생각하는 돼지와 늑대는?"

6) 이야기 작가와 관련된 활동

(1) 그림책의 작가에 대해 알아보기

그림책의 작가 이름, 남자인지 여자인지, 우리나라 사람인지, 외국 사람인지에 대해 알아본다.

(2) 같은 작가가 쓴 다른 책 비교하기

이야기의 주요 사건을 따로 그림으로 그려 유아들에게 이야기 사건을 순서대로 나열해 보도록 한다.

(3) 작가에게 편지 쓰기

작가에게 궁금한 점이나 하고 싶은 말을 글로 쓴다.

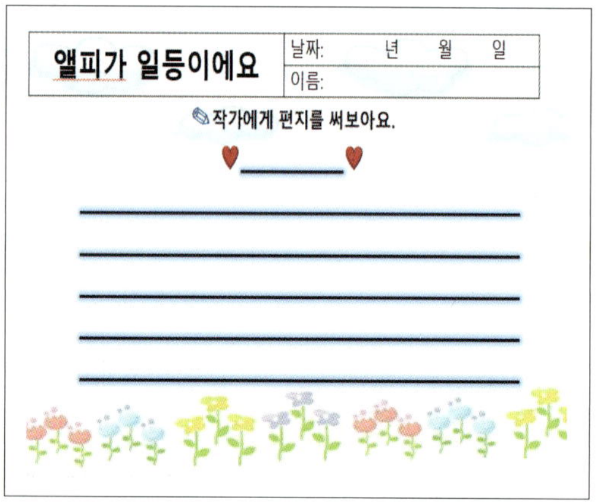

이야기 작가와 관련된 활동 예시

7) 이야기 화가와 관련된 활동

(1) 그림책의 장면 보고 이야기하기

마음에 드는 장면, 인상 깊은 장면을 골라 마음에 드는 이유를 이야기한다.

(2) 등장인물 꾸미기

주인공 혹은 등장인물을 본떠서 그대로 그려 보거나, 유아들 생각대로 외모를 바꾸어 본다.

(3) 그림의 장면 바꾸기

화가의 기법(도장 찍기, 물감, 콜라주)을 활용하여 그림의 장면을 꾸며 본다.

2. 동시

1) 유아에게 적합한 동시 선정

유아에게 적합한 동시를 선정하기 위해서는 먼저 교사가 우선 그 시를 좋아해야 한다. 교사가 자주 읽어 줌으로써 유아가 동시와 친숙해질 수 있기 때문이다. 유아는 교사가 읽어 준 동시를 통해 시를 이해하면서 자신과 주변의 세계를 다른 눈으로 자세히 관찰할 수 있다.

유아를 대상으로 하는 동시는 운율과 리듬감이 있으면서 정직하고 진실한 표현이 담긴 시를 선택해야 한다. 또한 긴 시보다 짧은 시를 선택하고 오래된 시와 현대 시를 함께 선택한다. 유아에게 적절한 시는 시의 주제가 색다르거나 감각적이며 함축성 있고, 명백하고 기억될 만한 시어를 사용한 것이 좋다.

2) 동시 지도

(1) 동시 소개하기

① 동시 낭송하기

- 동시의 분위기가 잘 살아날 수 있도록 배경음악을 넣어 읽어 준다.
- 유아의 반응을 살피며 여유 있게 읽어 준다.
- 동시에 따라 알맞은 목소리와 높낮이 고려하여 운을 넣어 읽어 준다.

② 다 함께 낭송하기

- 교사가 시를 읽고 유아들은 후렴 부분을 읽는다.
- 전체 유아들을 그룹으로 나누어 서로 질문하고 대답하는 듯 읽는다.
- 차례로 시의 한 구절씩 돌려가며 읽거나 말한다.

(2) 동시 감상하기

- 동시를 들려주기 전 내용과 관련된 그림을 보여 준다.
- 내용을 쉽게 이해할 수 있도록 손 인형이나 움직이는 그림 자료를 활용한다.
- 동시 감상 후 느낌 또는 내용과 관련된 유아의 경험 등을 이야기 나눈다.
- 리듬감 느끼기, 동시 속 재미있는 표현을 찾아보기 등의 기회를 제공한다.
- 함께 읽기, 나란히 읽기 등 다양한 방법으로 동시를 읽어 본다.
- 유아들이 자주 접할 수 있도록 언어 영역에 동시를 붙여 준다.

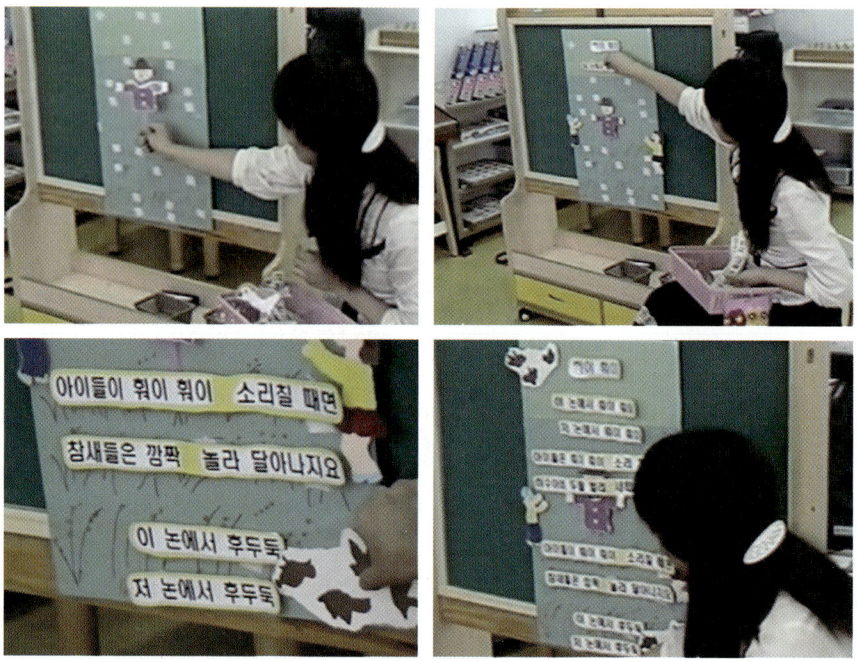

동시 지도

(3) 동시 확장 활동

- 동시 재구성하기: 동시의 구조는 그대로 두고 특정 부분, 즉 단어나 문장을 바꾸어 본다.
- 동시 창작하기: 개별 혹은 협동하여 동시를 창작해 본다.
- 미술로 표현하기: 인상에 남았던 표현이나 상상되는 장면을 그려 본다.
- 신체로 표현하기: 동시 내용에 어울리도록 손 또는 몸으로 표현해 본다.

3) 동시 개작하기

유아의 동시 개작은 기존의 시를 감상 후 시의 주제나 내용에 일부를 변경하거나 자신의 생각과 경험을 반영해 새롭게 창작하는 것이 있다. 즉 전자는 시의 내용을 그대로 놔두고 앞이나 뒤의 문장만 변형하는 유형이며, 후자는 유아가 자신이 경험한 것을 독창적으로 표현하는 것이다. 교사는 자신이 느끼는 감정을 유아가 자연스럽게 표현하는 것에 방해되지 않도록 지도해야 한다.

※ 동시 개작 과정

교사: 물소리 들어본 적 있니? 물을 한번 틀어보고 소리를 들어 보자.
(유아들이 물을 튼다.)
교사: 소리 들었어? 잠가 보자.
(유아들이 물을 잠근다.)
교사: 어떤 소리가 들렸어?
(유아들이 물소리를 따라 한다.)
교사: 어떤 소리 같았어? 폭포 같은 소리가 났니? 다시 한번 들어보자.
교사: 컵에 물을 꽉 채워 보자.
(유아들이 컵에 물을 채운다.)
교사: 가장 낮은 곳에서 물을 떨어뜨려 보자.
(유아들이 세면대 가까이에서 물을 떨어뜨린다.)
교사: 소리도 들었어? 그럼 다시 물을 채워 보자.

교사: 이번에는 높은 곳에서 떨어지는 소리를 들어보자.

교사: 어떤 소리가 들렸니? 무슨 소리 같았어? 쉬이이익 소리가 났니?

물소리 들어 보기

물 채워 보기

물 떨어뜨려 보기

교사: 선생님과 물에 대한 소리를 생각해 보는 시간을 가질 거야.
눈 한번 감아볼까?
세수할 때, 물 마실 때 어떤 소리가 날지 생각해 보자.
자, 생각했니? 생각났어?
어떤 소리가 날지 예인이가 한번 말해 볼까?
어떤 소리가 날 것 같니?

예인: 졸졸졸!

교사: 찬민이는?

찬민: 뚝뚝. 샬샬. 똑똑. 샤르륵 샤르륵. 톡톡. 꿀꺽 꿀꺽.

물결모양소리
정수기에서 물이나오면
찌리리 막 대기
시냇물에 물이흐르면
졸졸졸 지렁이
바다에 바람이불면
파도가 철퍼덕 절구

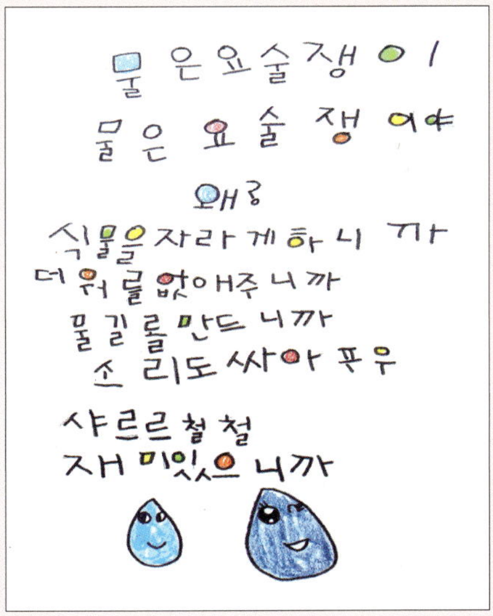
물은요술쟁이
물은 요술 쟁이야
왜
식물을자라게하니까
더위를없애주니까
물길을만드니까
소리도 싸아 푸우
샤르르 철철
재미있으니까

개작한 동시

3. 전통문학(전래동요와 동화)

1) 전래동요

전래동요의 3·4조나 4·4조의 기본 율조의 리듬감은 유아에게 음악적 경험을 제공하며 가락과 반복을 통해 유아에게 즐거움을 준다. 따라서 반복적이고 재미있는 말이 많이 포함된 전래동요를 선택하여 유아의 상상력과 언어 발달을 확장해 주어야 한다.

전래동요는 동시보다 운율적이고 단순한 음계로 이루어져 있어 운율에 따른 몸동작이나 신체적 놀이와 함께 가르치는 것이 좋다. 전래동요는 폭넓은 간접 경험의 기회와 다양한 감정을 표현하는 기회를 제공하므로 유아에게 전래동요의 표현을 따라 하면서 자신의 정서를 표현할 수 있도록 한다.

(1) 전래동요 수업지도

- 수수께끼로 도입한다.
- 전래동요를 소개한다.
- 전래동요를 들려준다.
- 전래동요의 내용을 이야기한다.
- 전래동요를 들으면서 몸을 움직여 본다.
- 전래동요를 듣고 난 후 느낌을 이야기한다.

① 전래동요와 신체놀이 즐기기

『꼬마야 꼬마야』 구전놀이 노래 · 정순희 그림. 다섯수레. 2009

- 전래동요를 부르며 신체놀이를 함께 할 수 있도록 구성한 놀이 그림책
- 노래 불러 보기
- 노래에 맞추어 몸동작 함께 해 보기
- 그림책 속 동작을 운율에 맞춰 따라 하도록 유도해 보기
- 신체적 협응과 상호 간 접촉을 통한 협동 놀이의 병행

② 흙놀이 할 때 부르는 동요 그림책

『두껍아 두껍아』 임석재 시 · 유진희 그림. 다섯수레. 2009

- 흙 놀이를 할 때 부르는 동요를 정리하여 구성한 말놀이 그림책
- 한참 언어가 발달하는 유아가 노래를 부르며 말을 배울 수 있어 유용함
- 두꺼비뿐 아니라 개미, 까치, 황소, 토끼, 굼벵이 등 동물들의 익살스러운 모습을 통해 즐거움을 선사함
- 상상력과 언어 발달을 확장함

③ 전통적 가치와 보편적 감정 전달

『아빠하고 나하고』 전래동요 글 · 김성민 그림. 다섯수레. 2009

- 아빠와 놀이를 하며 노래를 부르는 놀이 그림책
- 유아가 아빠와 함께 그림책 속 동작을 운율에 맞춰 따라 하도록 유도해 보기
- 아기와 아빠의 다정한 모습을 담아낸 그림이 유아에게 가족애의 감정을 전달함

(2) 전래동요 확장 활동

① 전래동요를 쉽게 익힐 수 있도록 손동작과 함께 소개한다.

② 손동작으로 익힌 것을 전통악기와 다른 악기를 이용해 활용한다.

③ 노래를 부르며 모래를 이용해 즐겁게 두꺼비 집을 지어 본다.

2) 전래동화

한국의 전래동화는 선과 악의 대립, 힘과 꾀의 대립, 미와 추의 대립을 통한 도덕적 · 교훈적 주제에 따른 바람직한 인간 형성의 목적을 가진다. 따라서 유아들에게 전래동화 지도를 통해 자연스럽게 인성교육을 할 수 있다. 다음은 전래동화 지도의 예시이다.

(1) 전래동화 선정 및 계획

- 만 5세: 감사- '은혜 갚은 제비'

(2) 전래동화 듣기

- '은혜 갚은 제비' 동화 듣기
- '감사' 이야기 나누기
- 동화 속 감사 내용 찾아보기

(3) 인성요소 연계

- '감사'의 사전적 의미 알아보기
- 감사하는 마음 가지기
- 감사 약속 정하고 지키기

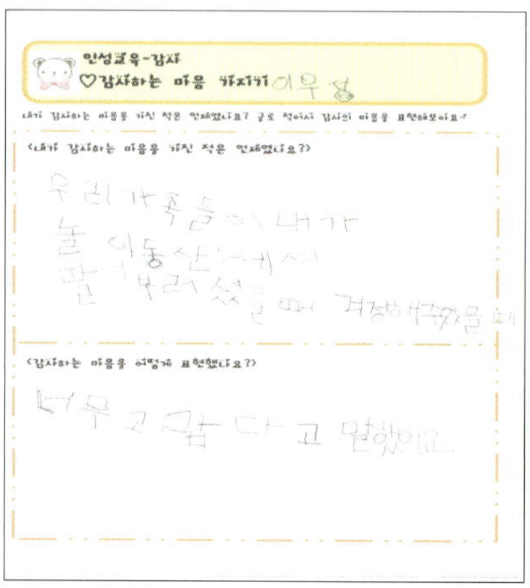

인성요소 연계 활동 예시: 감사하는 마음 가지기

인성요소 연계 활동 예시: 감사약속 정하고 지키기

(4) 마음공부 연계

- 놀부 마음 생각해 보기

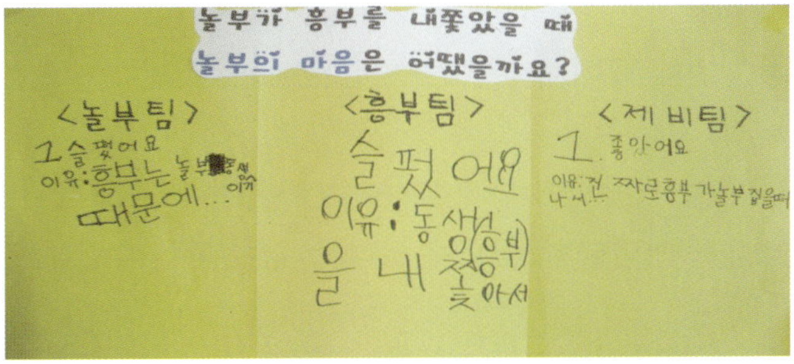

(5) 가정 연계

- 부모님이 아이에게 감사함을 느꼈을 때는 언제일까?
- 활동지 발송하기: 아이들과 함께 읽기

(6) 협동놀이

- 장애물 구성하기, 장애물 건너기 위한 해결책 찾)

(7) 동화 재구성

- 릴레이 동화 만들기

가정 연계 활동

동화 재구성

4. 동극 지도

동극이란 유아가 그림책을 듣고 그림책 속의 인물이 된 것처럼 내용과 대사를 중심으로 놀이하는 것이다. 동극으로 적합한 그림책은 유아에게 감동을 줄 수 있는 이야기가 잘 구성된 그림책이나 유아에게 친숙한 장면이 반복되고 전체적으로 대화가 짧고 내용이 길지 않은 것이 좋다. 유아가 동극을 하기 위해서는 그림책 내용을 기억할 수 있도록 여러 번 읽어 주어야 한다.

1) 동극의 특징 및 범주

(1) 동극의 특징

- 인생에 대한 통찰이 가능하다.
- 가상 속에서 스스로 몰입하면서 정신적인 정화작용, 즉 카타르시스를 체험한다.
- 종합적인 예술 활동이다.

(2) 동극의 범주

- 사회극 놀이: 2명 이상의 유아들끼리 여러 역할을 맡아 하나의 놀이 주제 속에서 언어적 상호작용이 일어나는 활동
- 창의적 극놀이: 실제적이거나 상상적 이야기, 동화를 감상 후 자발적 언어와 동작을 통하여 창의적 극 형태로 표현하는 활동
- 무언극: 대사 없이 이야기의 의미를 얼굴 표정이나 몸짓으로 나타내는 극놀이
- 인형극: 인형을 의인화하여 이야기를 꾸며 나가는 극으로, 손쉽게 상상의 세계로 빠져들게 하는 장점이 있음

2) 동극의 교육적 효과와 구성요소

(1) 동극의 교육적 효과

- 언어: 유아의 어휘력, 언어 이해력, 언어 표현력이 향상되며, 이야기의 인과관계 및 동화 내용의 이해력이 증가된다.
- 정서: 동화 속 인물과 자기를 동일시하며 즐거움, 좌절을 간접적으로 표현함으로써 긍정적 사고를 지닐 수 있다. 일상생활에서 겪는 갈등이나 불쾌한 감정에 대해 보상받는다.
- 인지: 다른 사람의 상황과 관점을 조망할 수 있는 능력을 기를 수 있으며, 자신의 아이디어를 발전시키고 상상력과 독립적 사고를 발달시켜 나갈 수 있다.
- 사회: 타인을 이해하고 사회적 능력 및 협동적 태도를 학습하게 된다.

(2) 동극의 구성요소

① 동극의 4요소: 배우, 관객, 무대, 동극본

② 동극본의 구성요소

- 해설: 제목, 막과 장, 때, 곳, 등장인물, 무대 설명을 밝힌다.
- 대사: 무대를 어떻게 꾸밀지, 막이 오를 때 등장인물의 할 일이 무엇인가를 설명한다.
- 지문: 등장인물의 대화(대사), 동작, 표정, 음악, 음향 등을 담은 글이다.

③ 동극의 선정

- 그림책의 줄거리가 단순하면서도 길이가 너무 길지 않은 것이 좋다.
- 선과 악에 관한 진실한 관찰을 할 수 있어야 한다.
- 등장인물의 수가 많은 것이 좋다.
- 장면의 변화가 많지 않으며 대사 및 장면이 반복되는 것이 좋다.
- 클라이맥스가 있는 환상적인 동화를 선정한다.
- 명확한 주제이면서도 겉으로 드러나지 않아야 한다(예: 노래 주머니).

- 예술성뿐 아니라 적당한 교훈성이 포함되어 있어야 한다.

④ 동극에서의 교사 역할

- 유아가 동극 활동 진행에 있어 충분히 계획하고 수정할 수 있도록 시간적 여유를 갖는다.
- 유아가 선택한 주제를 확장할 수 있도록 적절한 질문을 한다.
- 유아들이 주제에 따른 역할, 상황, 장소, 소품 준비하는 과정에서 서로의 의견을 교환하고 협력할 수 있도록 한다.
- 유아의 자연스러운 표현을 격려해 준다.

(3) 동극의 진행

① 극본 정하기

- 줄거리가 단순하고 어린이의 흥미를 끌 수 있어야 한다.
- 등장인물이 많아야 하며, 동극 하기에 쉬어야 한다.
- 교육적 요소를 고려한 건전한 내용, 삶의 지혜를 주는 진리를 담은 내용이 좋다.

② 극본 내용 검토하고 배역 정하기

- 극본을 읽고 등장인물의 성별, 연령, 직업을 파악한다.
- 동극의 줄거리(원인, 결과, 이유, 동기, 결말)를 파악한다.
- 극본 속에 나오는 인물의 성격을 파악한다.
- 대사와 지문에 주의하여 내용을 세밀하게 검토한다.

③ 대사 읽기

- 인물의 마음이나 기분을 생각하며 읽는다.
- 자연스럽게 말을 주고받으며, 말과 말 사이도 자연스럽게 간격을 둔다.
- 인물의 특성이 잘 드러나게 읽는다.

④ 동작 연습하기

- 극본에서 지시한 대로 표정이나 동작을 나타내 본다.

- 또래와 상의하며 동작을 연습한다.
- 극본을 몇 부분으로 나누어 하나씩 연습한다.
- 지문에 나와 있지 않은 동작이나 표정도 연구하면서 실연해 본다.

⑤ 무대 소품 만들기
- 동극을 하기 위해서는 무대, 소도구, 의상 등을 준비한다.
- 무대 소품은 교사가 준비하기보다 어린이 스스로 창의적으로 생각하고 협의하여 만들고 꾸밀 수 있도록 도와준다.

⑥ 무대 연습하기
- 무대의 등장, 퇴장, 움직임을 연습하며 위치 등을 익힌다.
- 무대 장치, 의상, 조명, 음악, 음향, 대도구, 소도구 등을 준비한다.
- 무대 배치는 이야기가 진행되는 순서대로 배치한다.
- 등장인물들이 처음 위치할 자리를 정해 준다.

⑦ 동극하기
- 포스터, 초대장 등을 만들어 관객을 초대해 공연하기

⑧ 동극의 평가
- 동극의 재미있었던 점, 고쳤으면 하는 점, 동극을 했던 사람들의 태도, 관람했던 사람의 태도, 소품이나 무대 배치, 해설자 등에 대해 평가한다.
- 동극 장면을 동영상으로 촬영한 것을 다 함께 보며 평가 시간을 가질 수 있다.

[평가예시]
- 동극을 하면서 가장 어려웠던 점과 재미있었던 점은 무엇인가요?
- 동극을 하면서 바꾸고 싶은 부분이 있었나요? 어떻게 바꾸고 싶었나요?
- 만일 동극을 다시 한다면 어떤 역할을 맡고 싶은가요? 그 이유는?

동극 지도의 실제

동 극 명	커다란 순무
활동목표	• 동극 속 등장인물의 말과 행동을 상황에 따라 적절하게 표현한다. • 약속을 지키며 극놀이에 즐겁게 참여한다.
누리과정	의사소통 > 책과 이야기 즐기기 > 책에 관심을 가지고 상상하기를 즐긴다. 예술경험 > 창의적으로 표현하기 > 극놀이로 경험이나 이야기를 표현한다.
활동자료	『커다란 순무』 그림책, 등장인물 그림 자료, 머리띠
활동방법	**① 『커다란 순무』 그림책을 듣고 동화의 내용을 회상한다.** – 할아버지는 무엇을 심었니? – 할아버지는 커다란 순무를 뽑기 위해 어떻게 했니? – 할머니는 누구를 불렀니? – 손녀는 누구를 불렀니? – 고양이는 누구를 불렀니? – 생쥐는 누구를 불렀니? – 다 같이 힘을 보아 무를 뽑았을 때 어떤 느낌이 들었을까? **② 동극을 하기 전 내용을 살펴보며, 내용을 수정한다.** – 동극을 할 때 꼭 필요한 부분은 무엇일까? – 동화 내용 중 바꾸고 싶은 내용은 무엇일까? **③ 수정한 동극 내용을 바탕으로 각자 하고 싶은 역할을 나누어 정한다.** – 어떤 역할들이 필요할까? – 할아버지 역할은 누가 하면 좋을까? – 동물들은 누가 하면 좋을까? – 여러 명의 친구가 하고 싶어 하는 역할은 어떻게 나누면 좋을까? **④ 동극에 필요한 소품을 만들어 보거나 찾아본다.** – 동극을 하려면 어떤 소품이 필요할까? – 배경은 어떻게 꾸미면 좋을까? – 동극 머리띠는 어떻게 만들까? **⑤ 역할을 나누어 동극을 해 본다.** – 동물들은 어디서 기다리면 좋을까? – 동극을 하는 친구들은 어디를 바라보아야 할까?

활동방법	**⑥ 동극을 마무리하고 동극에 대한 평가를 한다.** – 동극을 해 보니 어땠니? – 다시 동극을 해 보고 싶다면 어떤 부분에 변화를 주고 싶니?
활동사진	 유아 동극 장면  동극 자료 머리띠

제9장

유아문학과 교육과정

학습목표

1. 유아문학교육의 내용을 이해할 수 있다.
2. 유아문학교육의 내용을 토대로 다양한 교육활동을 적용할 수 있다.
3. 유아의 그림책 읽기를 위한 환경구성을 할 수 있다.

『이슬이의 첫 심부름』
쓰쓰이 요리코 글 · 하야시 아키코 그림. 이영준 역. 한림출판사. 1991

1. 유아문학교육의 내용

유아문학교육이란 유아에게 문학을 교육하는 것으로 문학 작품을 읽고 감상하고 즐기면서, 상상력을 가지고 언어를 통해 창작활동을 하는 것이라 할 수 있다. 유아문학교육의 가치는 유아에게 문학 작품을 잘 이해하고 감상, 비평할 수 있는 능력과 문학적 감수성을 키워 줌으로써 풍요롭고 가치 있는 삶을 살도록 도와주는 데 있다(곽아정 외, 2023).

유아문학교육의 내용은 아래와 같이 네 가지 범주로 나눌 수 있다.

1) 문학감상 및 이해

유아의 문학적 소양은 유아가 그림책 속에서 기쁨을 느끼고 그림책을 사랑하고 즐기는 것으로부터 출발한다. 유아는 그림책의 다양한 그림과 문장을 통해 이야기를 감상하고 즐기면서 재미를 느낄 수 있다.

그림책은 글과 그림으로 사상, 감정, 주제를 전달하며, 다양한 그림의 색채나 기법, 질감, 모양은 유아에게 풍부한 시각적 경험을 제공한다. 이러한 경험을 토대로 유아는 그림책의 내용을 잘 이해하고 감상하게 된다. 또한 유아 자신의 경험이나 생각에 근거한 감상을 통해 이야기의 사건이나 상황을 자신의 삶과 연결해 지식과 경험을 재구성할 수 있다.

유아가 그림책을 감상하고 이해하는 것은 문학적 소양과 태도를 형성하기 때문에 중요하다. 그림책의 감상 및 이해를 위한 내용은 다음과 같다.

- 그림책의 등장인물이 경험하는 문제에 공감한다.
- 그림책의 글 특성과 다양한 종류의 그림을 감상하고 이해한다.
- 그림책에 등장하는 문화를 감상하면서 다양한 문화를 이해한다.
- 그림책의 사건, 구조, 배경 등을 이해한다.
- 그림책 등장인물의 성격과 특징을 이해한다.

- 그림책의 선, 색, 기법, 매체를 감상하고 이해한다.
- 그림책의 등장인물이 갈등하는 상황을 공감한다.
- 그림책의 등장인물이 경험하는 문제를 자신의 삶에 적용하고 해결 방안을 이해한다.

그림책의 감상 및 이해를 위한 활동의 예로는 소리 내어 읽기, 동화구연, 다시 말하기, 예측하기, 표지 그림 살피기, 읽어 주기, 질문하기, 제목 짓기, 인상 깊은 장면 그리기, 등장인물 이름 짓기, 순서대로 구성하기 등이 있다. 구체적인 내용은 아래와 같다.

- 그림책의 배경과 관련된 활동으로 이야기에 대한 시간 및 장소에 대한 이해와 변화의 관심을 유아가 가질 수 있도록 해야 한다. 예를 들어 이야기가 일어나는 장소가 어디인지, 이야기의 배경이 점차 어떻게 변화되는지 찾아본다. 그림책은 상상으로 연결된 공간을 보여 주기도 하고 시공간이 초월한 공간을 배경으로도 하기에 이에 관한 유아의 이해가 필요하다.
- 등장인물의 성격과 특징과 관련된 활동은 그림책에 등장하는 인물이 누구인지, 등장인물의 외모, 성격, 느낌은 어떠한지를 유아에게 그림이나 글로 표현하게 할 수 있다.
- 등장인물들의 유사점과 차이점을 찾아 연결해 볼 수 있으며, 등장인물에 관해 궁금한 것들을 질문리스트로 만들어 볼 수도 있다.

그림책에 대한 기타 활동으로 인상 깊은 장면을 그려 보거나 그림책의 내용을 순서대로 구성할 수 있다.

<table>
<tr><td>활동명</td><td>과일 징검다리를 건너요</td><td>문학감상 및 이해</td><td>다양한 과일에 대해 이해하기</td></tr>
<tr><td>활동목표</td><td colspan="3">• 그림책에 나오는 다양한 과일에 관심을 가지고 이해한다.
• 과일 징검다리의 촉감을 느끼며 이동해 본다.</td></tr>
<tr><td>활동자료</td><td colspan="3">『과일이 툭!』(투페라 투페라 글 · 그림. 정윤 역. 키즈엠. 2020), 과일 촉감판, 과일 그림카드</td></tr>
<tr><td>내용</td><td colspan="3">① 『과일이 툭!』을 읽고 그림책 속에 나오는 과일을 알아본다.
– 이것은 무슨 과일일까?
– 그림책 플랩 안에 어떤 과일들이 나왔니?
– 그림책 속 과일 중 ㅇㅇ이가 가장 좋아하는 과일은 무엇이니?
② 영아가 이동하는 경로를 따라 과일 촉감판을 붙인 후, 과일 촉감판을 자유롭게 탐색하도록 한다.
– 바닥에 어떤 과일들이 붙어 있니?
– 과일을 손으로 만져 보자. 어떤 느낌이 나니?
③ 교사가 징검다리를 건너며 모델링이 되어 준 후, 영아의 손을 잡고 다리를 건너본다.
– 과일 촉감판을 따라 영아가 이동하며 건너볼 수 있도록 한다.</td></tr>
<tr><td>활동 시 유의점</td><td colspan="3">• 다른 영아와 부딪치지 않도록 공간을 확보해 준다.
• 과일 촉감판이 미끄러지지 않도록 바닥에 잘 붙여 준다.</td></tr>
<tr><td>활동사진</td><td colspan="3">
과일 촉감판 탐색하기</td></tr>
</table>

2) 문학경험 및 태도

유아는 그림책을 읽으면서 등장인물이 처한 사건은 무엇인지, 사건 간 갈등은 무엇인지, 갈등을 어떻게 해결해 나가는지를 알게 된다. 이러한 문학 작품의 경험은 유아에게 다양한 문화적 특성을 인식하게 하고 자신과 다른 사람의 삶을 이해하며 공감함으로써 성숙한 사람으로 성장하게 한다. 문학경험 및 태도를 위한 교육내용은 아래와 같다.

- 다양한 그림책을 읽으면서 문학 작품에 관한 관심을 가진다.
- 그림책의 사회 문화에 대한 감상을 통해 다양한 문화적·사회적 특성을 경험한다.
- 그림책의 등장인물의 성격과 처한 상황을 공감함으로써 다양한 삶을 배운다.

문학경험 및 태도와 관련된 활동의 예는 토론하기, 함께 읽기, 동극 꾸미기, 게임 등이 있다. 구체적인 내용은 아래와 같다.

- 그림책의 이야기 구성을 다채롭게 하는 갈등이 무엇인지 함께 읽으며 찾아낼 수 있다.
- 주인공이 사건에서 발생한 갈등을 해결한 방법에 대해 토론한다.
- 등장인물이 처한 상황을 바꾼다면 이야기가 어떻게 달라질 수 있는지 이야기한다.
- 그림책 감상을 통한 문화적 특성을 경험하기 위해 그림책 이야기를 토대로 한 게임판을 만들어 활동한다.

유아는 그림책의 이야기 속 활동을 직접 경험하면서 다른 사람을 이해하고 배려하는 태도를 기른다.

활동명	낙엽 꼬치 만들기	문학경험 및 태도	낙엽을 활용해 놀이하기
활동목표	• 소근육을 조절하여 나뭇가지에 낙엽을 끼운다. • 낙엽에 관심을 갖고 놀이한다.		
활동자료	『산에 가자』(이상권 글 · 한병호 그림. 보림. 2003), 낙엽, 나뭇가지		
내용	**① 『산에 가자』 그림책을 읽고 내용을 이야기 나눈다.** – 솔이는 아빠와 어디를 갔니? – 너희도 솔이처럼 아빠와 산에 올라간 적 있니? – 솔이는 산에서 아빠와 무슨 놀이를 하였니? **② 실외 놀이 시 떨어져 있는 낙엽을 탐색하며 관심을 가진다.** – 낙엽들이 많이 떨어져 있구나. – ㅇㅇ이 발바닥보다 큰 낙엽이 있구나. – ㅇㅇ이가 주운 낙엽의 색깔은 어떠니? – 낙엽을 만져볼까? 낙엽 위를 걸어 보자. **③ 낙엽, 나뭇가지로 할 수 있는 놀이를 소개한다.** – 나뭇가지로 낙엽을 꾹 눌러 볼까? 나뭇가지에 낙엽이 쏙 들어갔네. – ㅇㅇ이는 빨간색 낙엽을 하나, 둘~ 두 개나 끼웠구나. **④ 다양한 방법으로 낙엽 꼬치를 만들며 놀이한다.** – 빨간색 낙엽 모여라, 얍! / 작은 나뭇잎만 모여라, 얍! – 내가 만든 낙엽 꼬치를 냠냠 먹어 보자. – 낙엽을 몇 개 끼웠나 세어 볼까? – 낙엽 꼬치를 친구에게 선물해 보자.		
활동 시 유의점	• 나뭇가지 끝부분에 긁히지 않도록 안전에 유의한다. • 나뭇가지에 낙엽을 눌러 끼우기에 흙길이 더욱 용이하다.		
활동사진	 낙엽 꼬치 만들기  낙엽 탐색하기		

3) 문학창작

유아는 그림책 속에 담긴 의미를 깨닫는 과정을 통해 상상력과 창의력이 발달하고 정서적인 체험과 예술적인 감수성을 기를 수 있게 된다. 따라서 문학창작을 통한 문학적 표현 능력은 그림책을 감상한 후 자신의 감정과 생각을 표현하는 것이다. 문학창작을 위한 교육내용은 아래와 같다.

- 그림책의 뒷이야기를 새롭게 창작한다.
- 글 없는 그림책에 새로운 이야기를 창작한다.
- 그림책을 감상한 후 인형극이나 동극 등 다양한 매체를 활용해 창작한다.

그림책과 관련된 활동의 예는 저널 쓰기, 편지 쓰기, 이야기 꾸미기, 동시 짓기, 동화 재구성하기가 있다. 구체적인 내용은 아래와 같다.

- 그림책을 읽으면서 이야기의 주제를 이해하고 가장 기억에 남는 내용을 쓰거나 이야기를 새롭게 꾸미는 활동을 한다.
- 주인공에게 느낀 점이나 바라는 점, 하고 싶은 이야기를 편지로 써 본다.
- 그림책의 주제를 활용하여 새로운 이야기를 만들어 본다.
- 그림책을 변형한 내용을 토대로 동시를 짓거나 동화를 재구성하거나 극놀이나 동극을 한다.
- 새로운 매체를 활용하여 그림을 그리거나 만들기를 한다.
- 글자 없는 그림책의 이야기를 지어 본다.
- 등장인물이 경험하는 갈등이나 사건을 자신이 주인공이 되어 해결해 본다.

<table>
<tr><td>활동명</td><td>낙엽 사자 만들기</td><td>문학창작</td><td>낙엽 사자 되어 새로운 이야기 지어 보기</td></tr>
<tr><td>활동목표</td><td colspan="3">• 낙엽을 탐색하며 색깔, 질감, 모양 등을 안다.
• 낙엽을 이용하여 동물을 표현한다.
• 활동을 통해 또래와의 협동심을 기른다.</td></tr>
<tr><td>활동자료</td><td colspan="3">『낙엽이 속닥속닥』(한태희 글 · 그림. 예림당. 2013), 사자 사진 자료, 사자 얼굴 사진이 부착된 천, 양면테이프, 낙엽</td></tr>
<tr><td>내용</td><td colspan="3">① 유아들과 함께 『낙엽이 속닥속닥』을 읽고 내용을 이야기 나눈다.
– 낙엽은 어떤 동물들로 변신했니?
– 우리 친구들은 낙엽을 이용해 어떤 동물을 만들어 보고 싶니?
② 낙엽 사자 만들기 활동에 관해 이야기 나눈다.
– 이 동물은 누구일까?
– 여기 이 사자는 갈기가 없구나.
– 우리가 사자의 멋진 갈기를 꾸며 보자.
– 여러 가지 색의 낙엽을 붙여서 갈기를 꾸며 볼까?
③ 협동해서 만든 낙엽 사자 얼굴을 감상한다.
– 우리가 어떤 동물을 만들었니?
– 무엇으로 사자 갈기를 꾸며 보았지?
④ 낙엽 사자가 들려주는 이야기를 꾸며 본다.
– 낙엽 사자는 어떤 말을 하는 것 같니?
※ 자유놀이시간에 낙엽을 이용해 다양한 동물 또는 곤충을 만들 수 있도록 충분한 시간을 갖게 한다.</td></tr>
<tr><td>활동 시 유의점</td><td colspan="3">• 안전한 바깥 공간에서 활동한다.</td></tr>
<tr><td>활동사진</td><td colspan="3"> 
낙엽 사자 만들기(협동)</td></tr>
</table>

4) 문학비평

문학비평은 유아에게 문학 작품을 경험하게 하기 위한 일련의 교육체계로서, 유아에게 문학을 소중하게 다루고 좋은 작품을 선택하여 비교·비평·분석해 보는 경험을 제공해 주는 교육활동이다. 문학비평을 위한 교육내용은 아래와 같다.

- 그림책의 구성, 내용, 인물, 사건을 분석하여 비평한다.
- 원작 그림책과 패러디 그림책을 비교하여 분석한다.
- 그림책을 다양한 관점에서 비판적으로 사고하며 읽는다.

그림책과 관련된 활동의 예로는 인물평, 이야기 구조 알기, 글과 그림 분석, 작가에게 편지 쓰기 등이 있다. 구체적인 내용은 아래와 같다.

- 유아가 그림책에 대한 친숙감을 느끼기 위해서는 작가에 관한 관심을 가지는 것이 필요하다. 작가에게 궁금한 점이나 하고 싶은 말을 편지로 써 본다.
- 그림책 작가의 특성이나 생애를 알아보는 활동을 하거나 같은 작가가 쓴 다른 그림책을 찾아서 비교하여 읽어 본다.
- 그림책의 구성, 내용, 인물, 사건 등을 비교하면서 이야기의 구조를 이해하고 인물평을 한다.
- 다양한 그림책의 글과 그림을 분석하면서 비평한다.

<table>
<tr><th>활동명</th><td>내가 카밀라라면</td><th>문학비평</th><td>등장인물 분석하여 비평하기</td></tr>
<tr><th>활동목표</th><td colspan="3">• 내가 동화 속 주인공이라면 어떤 행동을 했을지 글과 그림으로 표현한다.</td></tr>
<tr><th>활동자료</th><td colspan="3">『줄무늬가 생겼어요』(데이빗 섀논 글 · 그림. 조세현 역. 비룡소. 2006),
사인펜, 색연필</td></tr>
<tr><th>내용</th><td colspan="3">① 『줄무늬가 생겼어요』를 읽고 내용을 이야기 나눈다
– 카밀라는 아욱콩을 왜 먹지 않았니?
– 너희가 카밀라라면 어떻게 했을 것 같니?
– 너희는 하고 싶은데 다른 사람 때문에 하지 못했던 것이 있니?
② 내가 만약 주인공이라면 어떻게 했을지 그림으로 표현해 본다.
– 너희가 카밀라라면 어떻게 했을 것 같니?
– 내가 카밀라라면 어떻게 할지 상상해서 그림으로 그려 보자.</td></tr>
<tr><th>활동사진</th><td colspan="3">

동화 속 주인공 상상해 그리기</td></tr>
</table>

2. 유아문학과 교육과정 활동

유아문학에 다루어진 주제나 내용을 토대로 유아교육과정의 교육활동을 다양하게 할 수 있다. 즉 선정된 문학 작품을 가지고 언어, 수학, 사회, 과학, 음률, 미술 영역 과목과 통합하여 교육적 경험을 제공하는 것이다.

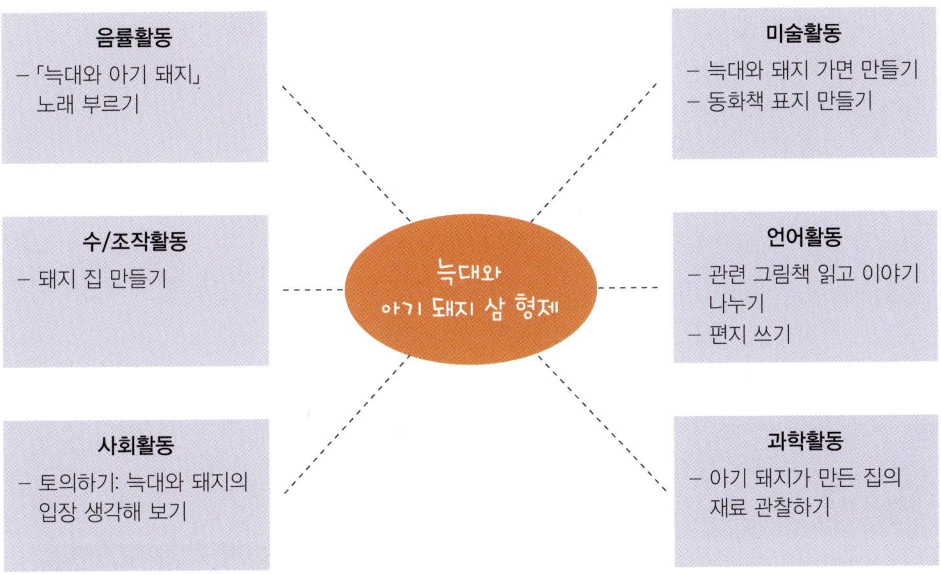

유아문학에 기초한 교육활동 프로그램

1) 유아문학과 언어활동

유아 그림책 속에는 작가에 의해 신중하게 선택된, 예술사의 풍부한 이성과 감성으로 짜이고 정리된 언어와 그림이 담겨 있어 유아는 아름답고 풍부한 언어 세계를 경험하게 되며, 모국어를 이해하고 모국어의 아름다움을 느낄 수 있는 최적의 경험을 하게 된다. 그림책을 활용한 언어활동 예시는 다음과 같다.

『빨간 풍선의 모험』
옐라 마리 그림.
시공주니어. 1995

활 동 명: 그림책 작가가 되어 봐요

활동연령: 만 4~5세 유아

활동자료: 미니 북, 메모장, 풀

활동목표:
- 그림으로 이어지는 그림책의 내용을 상상해서 표현해 볼 수 있다.
- 다양한 이야기를 만들어 나만의 그림책을 만들어 볼 수 있다.

활동방법

① 『빨간 풍선의 모험』을 감상하고 이야기를 나눈다.

- 그림책을 보면서 어떤 생각이 들었니?

② 그림책의 그림을 보면서 이야기 만들 방법을 소그룹으로 토의한다.

- 내가 그림책 작가라면 이 장면에 어떤 이야기를 했을까?

③ 그림책을 만들어 본다.

- 그림을 복사해서 책처럼 묶어 준다.
- 준비된 메모장에 유아들이 장면에 맞는 이야기를 글로 적어 본다.
- 다 완성되면 유아들이 지은 그림책을 그룹끼리 교환하여 읽어 본다.
- 도서영역에 비치해 둔다.

활동사진

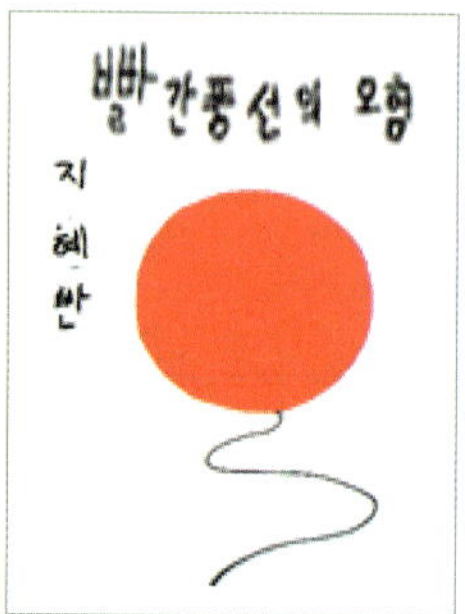

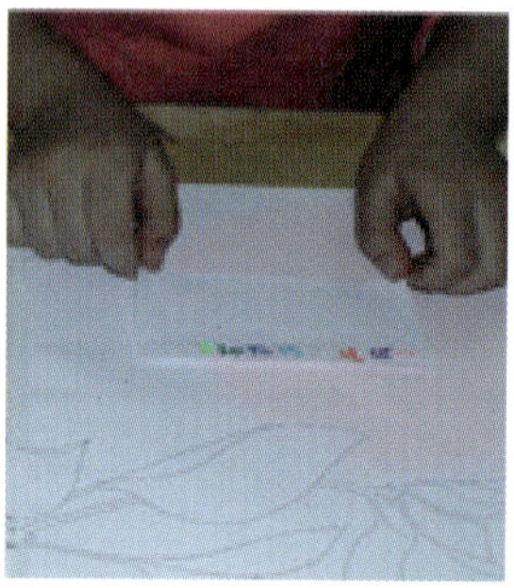

2) 유아문학과 신체활동

영유아는 그림책을 읽으면서 느끼는 다양한 감정을 신체로 표현할 수 있다. 즉 문학 속의 이야기를 신체적 움직임으로 표현할 수 있다. 그림책에 나오는 사물을 표현하거나 동물의 모습을 흉내 내는 행동은 신체의 조절과 균형감을 가지게 한다. 또한 자신 외모나 신체, 성에 관한 관심을 책을 통해 해소할 수 있다. 그림책을 활용한 신체활동의 예시는 아래와 같다.

활 동 명: 비 오는 날의 발자국

활동연령: 만 3세 유아

활동자료: 흰 종이 여러 장, 물감, 배경음악 CD

활동목표: • 비 오는 날의 풍경에 관심을 갖고 이야기 나눈다.
• 비 오는 날 고인 물에 뛰어다니는 것 같은 자유로움을 느껴 본다.

『비 오는 날에』
최성옥 글 · 김효은 그림.
파란자전거. 2011

활동방법

① 『비 오는 날에』를 읽고 내용에 관한 이야기를 나눈다.
- 비 오는 날엔 어떤 느낌이 드니?
- 비 오는 소리를 들어본 적이 있니?
- 비 오는 날 본 것 중에 가장 기억에 남는 것은 무엇이니?

② 비 오는 날 웅덩이를 뛰어넘는 발자국을 표현해 본다.
- 발바닥에 물감을 칠하고 웅덩이를 뛰어넘듯 음악에 맞추어 흰 종이 위를 다닌다.
- 웅덩이는 벽돌블록으로 대신한다.

③ 자신의 그림에 대해 친구들과 이야기한다.

활동사진

3) 유아문학과 사회활동

그림책을 통해 인간관계, 살아가는 태도, 선과 악에 대한 보편적 윤리의식, 정서적 안정감, 사회적 관계, 다른 사람의 생활과 경험, 느낌을 경험한다. 유아는 그림책 속의 주인공에 동화되고 그 느낌이나 판단에 공감하며 자신의 감정이나 삶에 연결하여 그들의 현실 생활에 대한 새로운 태도와 정신을 기른다. 그림책을 통한 사회활동의 예시는 아래와 같다.

활 동 명: 이럴 땐 화가 나요

활동연령: 만4~5세 유아

활동자료: 색연필, 사인펜

활동목표: • 형제와 싸웠던 경험을 이야기해 보고 사이좋게 지내는 방법을 알아본다.

『소피가 화나면, 정말 정말 화나면』
몰리 뱅 글·그림, 박수현 역,
책읽는곰, 2013

활동방법

① **『소피가 화나면, 정말 정말 화나면』을 읽고 이야기 나눈다.**
- 너희는 형이나 오빠, 누나 혹은 동생이 있니?
- 너희는 형제자매와 싸운 적이 있니? 싸웠을 때 기분이 어땠니?
- 너희는 형제자매가 어떻게 했을 때 화가 났었니?

② **유아들과 형제와 싸웠던 상황을 그림으로 그려 본다.**

③ **친구들에게 그림을 소개한다.**
- ㅇㅇ이는 언제 형제자매 때문에 화가 났었니?
- 그렇다면 그때 형(동생)이 너희에게 어떻게 해 줬다면 화가 나지 않았을까?
- 형제끼리 싸우지 않기 위해서는 어떻게 하면 좋을까?

활동사진

4) 유아문학과 과학활동

그림책은 호기심을 탐구심으로 전환하며, 과학적 태도 형성에 영향을 준다. 그림책을 통해 유아는 사물을 보고, 느끼고, 판단하는 능력, 즉 정확한 개념과 사고력 판단력 및 통찰력을 형성하게 되어 흥미진진한 가운데 과학적 소양을 키울 수 있다. 그림책을 통한 과학활동의 예시는 아래와 같다.

활 동 명: 꿀벌 호텔 만들기

활동연령: 만 5세 유아

활동자료: 다양한 자연물, 나뭇조각, 다양한 블록

활동목표: • 꿀벌에 관심을 가지며 다양한 꿀벌 생활과 관련된 놀이를 해 본다.

『꿀벌 아피스의 놀라운 35일』
캔디스 플레밍 글 · 에릭 로만 그림. 이지유 역. 책읽는곰. 2021

활동방법

① **『꿀벌 아피스의 놀라운 35일』을 읽고 이야기 나눈다.**
- 꿀벌들은 35일 동안 어떤 일을 했니?
- 꿀벌 아피스는 어떤 방법으로 집을 지었니?

② **다양한 폐품을 이용해 꿀벌을 만들어 본다.**

③ **다양한 블록을 이용해 꿀벌이 살 수 있는 집을 만들어 본다.**
- 블록을 이용해서 꿀벌이 살 수 있는 집을 만들어 볼까?

④ **야외에 실제 꿀벌들이 머물 수 있는 호텔을 만들어 본다.**
- 곤충 호텔은 도시화나 농약 등 유해한 것들로 인해 지낼 곳이 없는 곤충들을 위해서 만들어 놓은 것이란다.

활동사진

꿀 모으기 게임

벌꿀 집 만들기

꿀벌 호텔 만들기

꿀벌 되어 보기

5) 유아문학과 음률활동

유아는 그림책을 통해 리듬과 운율을 경험하게 된다. 또한 그림책의 반복적인 요소는 리듬감을 고조시키며, 이야기와 음악, 그림이 어우러져 있는 그림책은 유아의 음악감상 능력, 표현 능력을 길러 준다. 그림책을 통한 음률활동의 예시는 아래와 같다.

활 동 명: 열매 마라카스

활동연령: 만 3세 유아

활동자료: 열매, 곡식, 돋보기, 일회용기

활동목표: • 가을에 볼 수 있는 열매에 관심을 가진다.
• 재료의 차이에 따른 소리의 차이를 알 수 있다.

『안녕? 도토리야』
멜라니 조이스 글
· 지나 말도나도 그림
글맛 역. 키즈엠. 2019

활동방법

① **『안녕? 도토리야』를 읽고 내용을 회상한다.**
- 도토리를 땅에 묻은 친구는 누구일까?
- 가을에 볼 수 있는 열매는 도토리 말고 또 무엇이 있니?
- 우리 친구들은 비가 오는 날에 어떤 우산을 썼니?

② **열매를 탐색하여 분류하고 이름과 특징에 관해 이야기를 나눈다.**
- 이 열매 이름이 뭘까?
- 이 열매는 무슨 색이니?

③ **열매 한 가지를 선택하여 일회용기에 넣어 흔들어 본다.**
   – 이 열매를 흔들면 어떤 소리가 날까?

④ **다른 종류의 열매를 일회용기에 넣어 소리의 차이를 탐색한다.**

⑤ **다양한 열매를 일회용기에 넣어 마라카스를 꾸미고 완성한다.**

활동 시 유의점: 다양한 크기와 색의 열매를 준비한다.

활동사진

열매 탐색하기

열매 소리 들어보기

마라카스 꾸미기

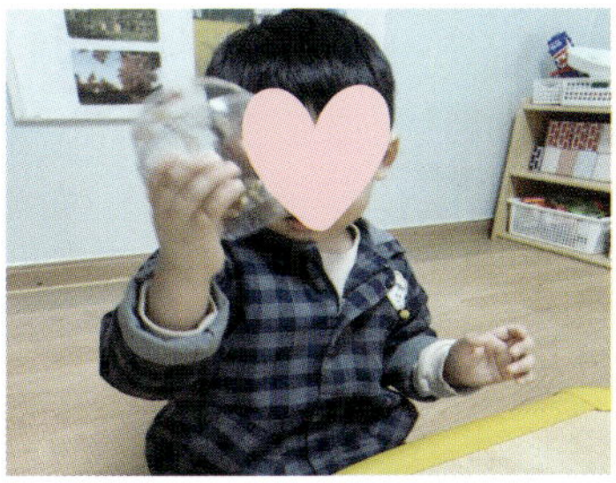

마라카스 흔들기

6) 유아문학과 미술활동

유아 그림책은 유아가 가장 쉽게 접할 수 있는 미술작품으로, 여러 가지 소재와 기법을 활용한 삽화로 구성되어 있다. 유아는 이러한 삽화를 직접 경험하면서 미술작품을 표현하는 재료와 방법에 대해 학습할 수 있고, 스스로 그러한 재료와 기법을 활용해서 표현해 볼 수 있다(오연주 외, 2007). 그림책을 통한 미술 활동의 예시는 다음과 같다.

활 동 명: 도토리 액세서리 만들기

활동연령: 만 4세 유아

활동자료: 도토리, 원형 나뭇조각, 다양한 꾸미기 재료

활동목표: • 가을에 나는 열매에 관해 관심을 가진다.
• 도토리를 이용하여 다양한 액세서리를 만들어 본다.

『도토리 팬티』
다카하시 노조미 글 · 그림.
이루리 역. 북극곰. 2019

활동방법

① **『도토리 팬티』 그림책을 회상하며 이야기 나눈다.**
- 그림책에는 누가 나왔니?
- 청설모는 도토리에게 무엇을 주었니?

② **도토리를 탐색한다.**
- (열매 실물 자료를 보며) 여기에 무엇이 있니?
- 어떤 색깔이니? 어떤 모양이니?
- 도토리로 어떤 것을 만들 수 있을까?

③ **준비된 재료를 보며 도토리 액세서리 만들기 활동을 한다.**
- 이것은 어떤 열매일까? (도토리, 밤, 땅콩)
- 또 다른 재료(목공풀, 나뭇조각)는 무엇이 있지?

④ **자신이 원하는 도토리와 열매를 골라 원형 나뭇조각에 목공풀로 붙여서 나만의 도토리 액세서리를 꾸며 본다.**

⑤ **다 만든 액세서리는 전시대에 말린다.**

활동 시 유의점: 작품 완성 후 목공풀이 마를 때까지 기다린다.

활동사진

도토리 열매 액세서리 꾸미기

3. 유아 그림책 경험을 위한 환경구성

유아의 그림책 경험을 위한 환경은 편안한 분위기 속에서 자유롭게 탐색하며 다양한 활동에 참여할 수 있는 공간이다. 유아가 신체적·심리적으로 편안함을 느끼면 그림책 읽는 과정을 더 몰입하게 만든다. 이러한 경험은 유아에게 그림책에 대한 흥미와 즐거움을 느끼게 한다. 따라서 그림책 읽기를 위한 환경구성은 유아의 발달 수준에 맞는 다양한 장르의 책을 구비하고 책을 읽은 후 연결해 활동할 수 있는 다양한 자료와 공간을 조성해 주어야 한다.

1) 교실 언어 영역 내 그림책 환경

교실 언어 영역 내 그림책 환경을 계획할 때 가장 먼저 생각해야 하는 것은 안정감을 주는 편안한 환경이다. 유아가 편안하게 책을 볼 수 있도록 책상이나 쿠션, 쇼파 등을 마련하고 조명이나 자연 채광을 조절해 주어야 한다. 창문의 채광은 직사광선이 지나치게 비치지 않도록 블라인드나 커튼을 이용해 밝기를 조절한다.

유아의 책은 책꽂이의 정면이 보이도록 진열하며, 영아의 책은 호기심을 나타내는 책을 손쉽게 꺼낼 수 있도록 진열한다. 영아는 흥미와 안전을 고려하여 눈높이에 맞는 책꽂이와 소품을 준비하여 그림책과 친해질 수 있도록 배치한다.

유아는 호기심과 모험심을 자극할 수 있는 이야기를 선호하며 단순하게 책을 읽는 것에 그치지 않고 등장하는 인물의 행동이나 상황을 흉내 내거나 즐긴다. 따라서 언어 영역 공간은 고정적인 공간이 아닌 유아가 자신의 필요에 따라 융통성 있게 활용할 수 있는 공간이어야 한다.

유아의 책은 유아가 관심이 있는 내용으로 선정하되, 환상동화, 생활동화, 동시, 전래동화, 동요, 글 없는 책, 정보책 등 다양한 장르의 책을 전시한다. 또한 유아가 직접 만든 책이나 그림 자료, 단어 카드 등도 함께 전시한다.

교실 내 도서 영역

교실 내 언어 영역에는 다양한 책과 함께 읽기, 쓰기, 말하기, 듣기의 활동을 할 수 있는 테이블과 다양한 소품과 자료가 필요하다. 그림책을 감상하거나 이야기를 재구성할 수 있는 다양한 쓰기 자료, 자신의 감정이나 생각을 표현할 수 있는 시청각 매체, 인형을 제공해 준다.

언어 영역 읽기 활동

언어 영역 말하기 활동

언어 영역 듣기 활동

언어 영역 쓰기 활동

2) 교실 내 여러 영역의 그림책 환경

유아의 효과적인 문학교육을 위해서는 편안하고 자유로운 분위기에서 읽을 수 있는 환경을 구성해야 한다. 기본적으로 놀이환경 가운데 언어 영역 내의 도서 영역에서 문학 활동이 이루어진다고 생각할 수 있지만, 생각보다 다양한 영역에서 유아의 문학 활동이 이루어진다. 예를 들어 유아 자신이 읽은 동화책의 내용을 쌓기나 역할 영역에서 표현하기도 하고 미술 영역에서 읽은 내용을 그림으로 그리기도 한다. 따라서 유아가 어느 곳에서나 편안한 환경에서 자유롭게 책을 읽을 수 있도록 환경을 조성해야 한다.

교실 내 다양한 영역의 문학 환경 1

교실 내 다양한 영역의 문학 환경 2

근래 유아교육기관은 유아 책 읽기에 관한 관심의 증가로 원 내에 작은 도서관을 별도로 마련하거나, 복도나 현관에 작은 책꽂이를 비치해 학부모가 자녀를 기다리면서 자연스럽게 이용할 수 있도록 하고 있다.

원 내 작은 도서관(외부)

원 내 작은 도서관(내부)

계단과 복도의 책꽂이

실외 영역의 문학 환경

제3부

놀이중심 유아문학교육의 실제

제10장 놀이중심 유아문학 활동 실제

제10장

놀이중심 유아문학 활동 실제

학습목표

1. 놀이를 접목한 다양한 유아문학 활동을 할 수 있다.

『줄무늬가 생겼어요』 그림책 표지 그리기

1. 영아 그림책 놀이 활동 목록

1) 나는 미끄럼틀이 좋아

놀이주제	함께 놀이해요(미끄럼틀 놀이)	문학경험 및 태도

음률

- 미끄럼틀 타고 탬버린을 쳐요

신체

- 이불 그네 타기

『나는 미끄럼틀이 좋아』
스즈키 노리타케 글 · 그림. 권영선 역. 내일도맑음. 2021

감각·탐색

- 내가 좋아하는 놀잇감을 미끄럼틀에서 굴려요

언어

- 미끄럼틀 선 따라 끼적여요

활동명	이불 그네 타기	문학경험 및 태도	놀이터에 있는 미끄럼틀 경험하기
활동목표	• 몸이 위아래로 움직이는 것을 즐긴다. • 교사와 시선을 맞추며 애착을 형성한다.		
활동자료	『나는 미끄럼틀이 좋아』 그림책		
내용	■ **영아들과 어린이집 실외 놀이터에서 미끄럼틀 및 놀이기구들을 탐색한다.** – 우리 친구들은 미끄럼틀을 타 본 적이 있니? – 미끄럼틀을 타고 내려와 볼까? ■ **『나는 미끄럼틀이 좋아』 그림책을 보며 이야기 나눈다.** – 그림책 속에 어떤 미끄럼틀이 나왔니? – 그림책 속에서 어떤 미끄럼틀을 가장 타 보고 싶니? ■ **실외놀이터에서 탐색했던 다양한 놀이기구를 교실에서도 탈 수 있는 방법에 대해 알아본다.** – 미끄럼틀 (그네) 놀이는 어떻게 할 수 있을까? [그네 놀이] ① 교사는 이불을 넓게 펴서 영아를 위에 눕힌다. ② 교사는 영아가 떨어지지 않도록 이불 양쪽을 잘 잡은 채로 서서히 올린 후 양옆으로 흔들어 준다. [미끄럼틀 놀이] ① 교사는 무릎을 세운 후 영아의 배와 교사 다리가 밀착되도록 하여 영아를 발등에 앉힌다. ② 교사는 바닥에 누워 영아가 떨어지지 않도록 잘 잡고 다리를 올렸다 내린다.		
활동사진	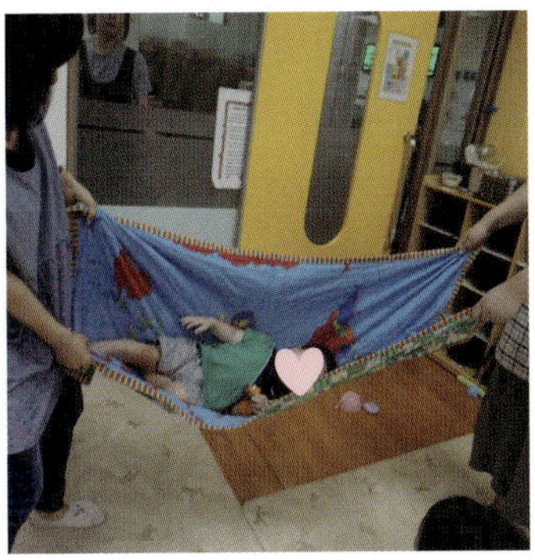 이불 그네 놀이	 아기 인형으로 놀이터 놀이	 실외놀이터 미끄럼틀 타기

2) 이불에 폭!

놀이주제	함께 놀이해요(이불놀이)	문학감상 및 이해

음률

- 좋아하는 인형과 이불에 누워 동요 듣기

신체

- 이불썰매 끌기
- 인형 헹가래

『이불에 폭!』
한얼 글 · 그림. 책읽는곰. 2022

감각·탐색

- 이불 속에 숨어 있는 것은 무엇일까?

언어

- 이불 텐트 안에서 책 읽기

<table>
<tr><td>활동명</td><td>좋아하는 인형과 이불에 누워 동요 듣기</td><td>문학경험 및 태도</td><td>이불에 대한 시각적·촉각적 언어표현 이해하기</td></tr>
<tr><td>활동목표</td><td colspan="3">• 이불을 이용하여 다양한 방법으로 놀이한다.</td></tr>
<tr><td>활동자료</td><td colspan="3">『이불에 폭!』 그림책, 이불</td></tr>
<tr><td>내용</td><td colspan="3">■ 『이불에 폭!』 그림책 표지를 살펴본다.
– 동화 속 친구들은 무엇을 하고 있는 것 같니?
– 우리 친구들은 이불 속에 누워 있을 때 어떤 마음이 드니?
■ 그림책을 읽고 교사가 준비한 이불을 함께 탐색해 본다.
– 선생님이 준비한 이불의 색깔은 어떠니?
– 이불을 만져 보니 어떤 느낌이 드니?
■ 이불을 이용한 놀이에 대해 생각해 본다.
– 우리 친구들은 이불로 어떤 놀이를 하고 싶니?
■ 내가 좋아하는 인형과 함께 누워 보며 친구와 놀이한다.
– 이불에 누워 있으니 어떤 느낌이 드니?
■ 폭신폭신한 이불 속에 누워 친구와 재미있는 이야기를 나눠 볼까?
– 내가 좋아하는 인형을 이불에 태우고 친구들과 헹가래 놀이를 한다.</td></tr>
<tr><td>활동 시 유의점</td><td colspan="3">사전에 안내하여 좋아하는 인형을 가지고 올 수 있도록 한다.</td></tr>
<tr><td>활동사진</td><td colspan="3">
좋아하는 인형과 이불에 누워 동요 듣기

이불 썰매 끌기

인형 헹가래
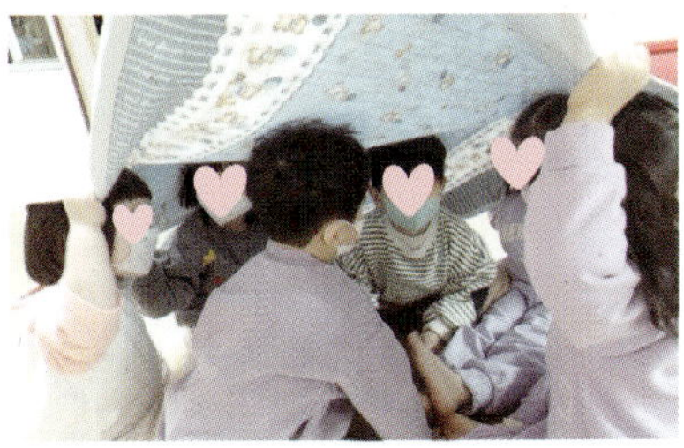
이불 텐트 안에서 책 읽기</td></tr>
</table>

3) 풍선이 좋아

놀이주제	함께 놀이해요(풍선놀이)	문학창작

음률

- 동요 들으며 풍선놀이하기

신체

- 점프해서 풍선치기

『풍선이 좋아』
이은선 글 · 그림. 봄봄출판사. 2022

감각·탐색

- 풍선의 색깔을 찾아요
- 내가 만든 풍선

언어

- 풍선 아래 글자 찾기

활동명	내가 만든 풍선	문학창작	다양한 재료를 활용하여 나만의 풍선 만들어 보기
활동목표	• 비닐봉지를 이용하여 풍선을 만들어 놀이할 수 있다.		
활동자료	『풍선이 좋아』 그림책, 투명 비닐봉지, 폼폼이		
내용	**■ 『풍선이 좋아』 그림책에 대해 회상해 본다.** – 그림책 속 친구는 풍선을 이용해 무엇을 했니? – 풍선을 이용해 또 어떤 놀이를 할 수 있을까? **■ 커다란 풍선을 만들기 위한 재료들을 탐색한다.** – 커다란 비닐을 함께 만져 보자. – 비닐을 만졌을 때 어떤 소리가 나니? **■ 비닐봉지에 폼폼이를 넣고 바람을 넣어 끝을 묶어 준다.** **■ 비닐봉지 풍선을 흔들어 폼폼이가 움직이는 것을 탐색한다.** **■ 머리 위로 던지거나 친구와 주고받으며 내가 만든 풍선으로 놀이한다.**		
활동 시 유의점	비닐 속 바람이 빠지지 않도록 꽉 묶어 준다.		
활동사진	 투명비닐 탐색하기  비닐 속에 폼폼이 넣기  비닐 속에 바람 넣어 풍선 만들기  내가 만든 풍선으로 놀이하기		

4) 쿵쾅쿵쾅 코끼리다!

놀이주제	동물	문학창작

음률
- 노래에 맞추어 춤추는 내 그림자

신체
- 손가락 그림자 만들기

『쿵쾅쿵쾅 코끼리다!』
애플트리 글 · 서주연 그림. 행복한앨리스. 2015

감각·탐색
- 색깔 그림자 만들기

언어
- 그림자 모양 이름 맞추기

<table>
<tr><th>활동명</th><td>손가락 그림자 만들기</td><th>문학창작</th><td>손, 몸으로 그림자 만들어 보기</td></tr>
<tr><th>활동목표</th><td colspan="3">• 손을 이용하여 모양을 표현할 수 있다.
• 그림자로 보이는 모양을 관찰할 수 있다.</td></tr>
<tr><th>활동자료</th><td colspan="3">『쿵쾅쿵쾅 코끼리다!』 그림책, 하얀 배경, 라이트, 펜</td></tr>
<tr><th>내용</th><td colspan="3">■ 『쿵쾅쿵쾅 코끼리다!』 그림책을 제시해 준다.
– 커다란 코끼리가 나타났을 때 숲속 친구들은 어떤 느낌이 들었을까?
– 숲속 친구들이 코끼리를 반겨주지 않았다면 코끼리는 어떤 느낌이었을까?
■ 그림책을 보며 표현되어 있는 모양을 손으로 만들어 본다.
– 그림책 속 토끼는 손으로 어떻게 표현했니?
– (손으로 여우를 만들며) 이 친구는 어떤 숲속 친구일까?
– 우리 친구들도 손으로 숲속 친구들을 만들어 볼까?
■ 불을 끄고 하얀 배경에 라이트를 비춰 그림자가 비치도록 한다.
■ 다양한 손동작을 해 보며 그림자를 탐색한다.
■ 그림자에 그림을 그려 보며 그림자의 모양을 알아본다.</td></tr>
<tr><th>활동 시 유의점</th><td colspan="3">그림자가 잘 비칠 수 있는 환경을 만들어 준다.</td></tr>
<tr><th>활동사진</th><td colspan="3"> 
그림책 보며 손으로 모양 만들기

손가락으로 그림자 만들기

그림자 따라 그리기</td></tr>
</table>

5) 난 자동차가 참 좋아

놀이주제	교통기관	문학감상 및 이해

음률

- 「간다 간다」 율동

신체

- 자동차를 타고 움직여요

『난 자동차가 참 좋아』

마가렛 와이즈 브라운 글 · 김진화 그림. 최재숙 역. 비룡소. 2006

감각·탐색

- 색깔 그림자 만들기

언어

- 다양한 자동차

<table>
<tr><th>활동명</th><td>자동차를 타고 움직여요</td><th>문학감상 및 이해</th><td>다양한 자동차의 종류 및 탈것에 대해 이해하기</td></tr>
<tr><th>활동목표</th><td colspan="3">• 탈것에 관심을 가지고 자동차를 이용해 다양한 놀이를 경험한다.</td></tr>
<tr><th>활동자료</th><td colspan="3">다양한 자동차, 블록, 모래놀이용품, 물, 놀잇감</td></tr>
<tr><th>내용</th><td colspan="3">
■ 자동차를 타 본 경험에 대해 이야기 나눈다.
– 자동차를 본 적 있니?
– 자동차를 언제 타 봤니? 타고 어디에 가 봤니?
■ 『난 자동차가 참 좋아』 그림책을 읽고 이야기 나눈다.
– 동화 속에 어떤 자동차가 나왔니?
– 우리 친구들은 어떤 자동차가 가장 마음에 드니?
■ 친구와 다양한 자동차 놀이를 한다.
– 자동차가 움직이고 있네. 물속에 빠졌구나.
– 빠진 자동차를 어떻게 하면 좋을까?
– 친구랑 자동차를 타고 어디에 가고 있고 있니?
– 자동차가 고장이 났구나. 어떻게 고치면 좋을까?
■ 블록을 이용해 자동차를 주차할 수 있는 주차장을 만들어 본다.
</td></tr>
<tr><th>활동사진</th><td colspan="3">

자동차로 놀아요

자동차가 물에 빠졌어! 구출해 주자!

자동차를 타고 움직여요
</td></tr>
</table>

6) 부르릉 자동차가 달려요

놀이주제	교통기관	문학감상 및 이해

음률

- 「병원차와 소방차」 노래를 들으며 북을 쳐요

신체

- 유희실에서 자동차를 타요

『부르릉 자동차가 달려요』
다섯수레 글 · 최나미 그림. 다섯수레. 2009

감각·탐색

- '자동차 바퀴' 물감놀이
- 바퀴 달린 놀잇감을 굴려요

언어

- 자동차 사운드북을 봐요

<table>
<tr><th>활동명</th><td>바퀴 달린 놀잇감을 굴려요</td><th>문학감상 및 이해</th><td>다양한 자동차의 종류 및 탈것에 대해 이해하기</td></tr>
<tr><th>활동목표</th><td colspan="3">• 그림책에 나오는 여러 가지 탈 것에 대해 알아본다.
• 굴러가는 움직임에 호기심을 갖는다.</td></tr>
<tr><th>활동자료</th><td colspan="3">『부르릉 자동차가 달려요』 그림책, 손잡이 끌차, 여러 가지 자동차</td></tr>
<tr><th>내용</th><td colspan="3">■ 『부르릉 자동차가 달려요』 그림책을 읽고 이야기 나눈다.
– 소방차가 부릉부릉 달려간 이유는 무엇일까?
– 불도저 자동차는 무엇을 했니?
■ 바퀴 달린 놀잇감을 굴리며 호기심을 가지도록 한다.
– 이게 뭐지?
– 여기 동글동글~ 바퀴가 있어. 데굴데굴~ 굴러간다.
– 기다란 손잡이도 있구나.
■ 영아에게 바퀴 달린 놀잇감의 손잡이를 잡고 밀어 보게 한다.
– ㅇㅇ이가 밀어주니까 데굴데굴 굴러가네.
■ 유희실에서 자동차를 타며 자유롭게 이동하는 신체활동을 한다.
■ 직접 자동차를 타며 바퀴를 굴려 움직여 본다.</td></tr>
<tr><th>활동 시 유의점</th><td colspan="3">• 바퀴 달린 놀잇감을 밟거나 올라가지 않도록 주의한다.
• 안전하게 자동차를 탈 수 있도록 공간을 확보해 주고 서로 부딪치지 않도록 주의한다.</td></tr>
<tr><th>활동사진</th><td colspan="3">
바퀴 달린 놀잇감을 굴려요</td></tr>
</table>

7) 구석구석 사랑해

놀이주제	여름/목욕놀이	문학경험 및 태도

언어

- 『구석구석 사랑해』 그림책 보기

실외

- 마당에서 빨래놀이를 해요

『구석구석 사랑해』

언주 글·그림. 노란돼지. 2022

감각·탐색

- 목욕놀이는 즐거워

쌓기

- 목욕의자를 만들어요

<table>
<tr><td>활동명</td><td>목욕놀이는 즐거워</td><td>문학경험 및 태도</td><td>그림책 속 목욕하는 방법을 실제로 경험하기</td></tr>
<tr><td>활동목표</td><td colspan="3">• 목욕용품을 이용한 놀이로 몸을 깨끗이 하는 것에 관심을 갖는다.</td></tr>
<tr><td>활동자료</td><td colspan="3">『구석구석 사랑해』 그림책, 목욕용품 장난감, 텐트, 수전, 안전거울, 목욕탕 의자</td></tr>
<tr><td>내용</td><td colspan="3">■ 『구석구석 사랑해』 그림책을 회상하며 이야기 나눈다.
– 목욕을 하기 위해 제일 먼저 한 일은 무엇일까?
– 우리 친구들은 목욕을 하면 어떤 기분이 드니?
■ 한쪽 벽을 목욕탕으로 환경구성 후 목욕용품을 제시한다.
■ 목욕용품을 탐색하는 과정을 개별 영아별로 관찰한다.
■ 목욕놀이를 하는 과정을 적절한 상호작용으로 지원한다.
– ○○이가 샤워 스펀지로 몸을 닦고 있네.
– 목욕 의자에 앉아 있구나.
■ 교사가 샤워기 모형을 이용해 씻는 모습을 보여 준다.
– 선생님은 이렇게 물을 뿌리고 비누칠을 하며 몸을 씻어야지.
– 머리에 샴푸를 짜고 이렇게 문지르면서 머리를 감아 봐야지.
■ 영아의 행동을 세심히 살피고 목욕놀이를 확장할 수 있는 상호작용을 한다.
– 선생님 혼자서 등을 밀 수가 없어. 좀 도와줄래?
– 목욕을 마치고 무엇을 먹으면 좋을까?</td></tr>
<tr><td>활동사진</td><td colspan="3">

목욕용품을 탐색해요

매표소에 구운 달걀도 있어요

불가마에 들어가요</td></tr>
</table>

8) 다람쥐는 모를 거야

놀이주제	가을	문학감상 및 이해

음률

- 도토리 마라카스 연주

신체

- 가을과 놀아요

『다람쥐는 모를 거야』

천미진 글 · 강은옥 그림. 키즈엠. 2018

감각·탐색

- 꼭꼭 숨은 열매 찾기!
- 열매가 많아요, 적어요

언어

- 그림자 인형극

<table>
<tr><th>활동명</th><td>가을과 놀아요</td><th>문학감상 및 이해</th><td>나뭇잎의 변화에 대해 이해하기</td></tr>
<tr><th>활동목표</th><td colspan="3">• 가을에 볼 수 있는 자연물을 탐색하고 자연물로 다양한 놀이를 즐긴다.</td></tr>
<tr><th>활동자료</th><td colspan="3">『다람쥐는 모를 거야』 그림책, 다람쥐 가면, 나뭇잎, 가을 열매, 다양한 자연물</td></tr>
<tr><th>내용</th><td colspan="3">■ 바깥놀이를 통해 가을의 계절 변화를 느껴본다.
– 바깥에 나오니 날씨가 어떠니?
– 나뭇잎 색이 달라졌구나.
■ 가을에 볼 수 있는 자연물들을 주변에서 찾아보고 가을이 왔음을 안다.
– 단풍잎, 은행잎도 보이네. 단풍잎과 은행잎은 어떤 모양이니?
– 다른 모양의 나뭇잎도 찾아볼까?
– 가을에는 다람쥐가 좋아하는 도토리도 볼 수 있구나.
■ 가을과 관련된 『다람쥐는 모를 거야』 그림책을 제시해 주고 영아가 자유롭게 놀이하도록 돕는다.
–『다람쥐는 모를 거야』 그림책이 읽고 싶었구나. 같이 읽어 보자.
– 다람쥐는 도토리를 어디에 숨겨 놓았니?
– 친구들이 말했던 가을에 볼 수 있는 열매들이구나.
– ○○가 다람쥐로 변했네. 도토리를 줍고 있나 봐.
– 와플블록으로 집을 만들었구나. 나뭇잎 집에는 누가 살고 있니?</td></tr>
<tr><th>활동사진</th><td colspan="3">
가을 색 나뭇잎으로 놀아요

가을에 볼 수 있는 열매들이 많아요

나뭇잎 집에는 누가 살까?</td></tr>
</table>

9) 겨울이 좋아! 토끼 베이커리

놀이주제	겨울	문학경험 및 태도

음률

- 눈에 관련된 동요 들으며 눈놀이하기

신체

- 눈꽃 폼폼이 나르기

『겨울이 좋아! 토끼 베이커리』

마츠오 리카코 글·그림. 김숙 역. 아르볼. 2022

감각·탐색

- 모루에 눈꽃 폼폼이 끼우기

언어

- 겨울에 필요한 물건 알아보기

<table>
<tr><td>활동명</td><td>모루에 눈꽃 폼폼이 끼우기</td><td>문학경험 및 태도</td><td>토끼가 만든 겨울 음식 만들어 보기</td></tr>
<tr><td>활동목표</td><td colspan="3">• 겨울 날씨에 관심을 갖는다.
• 눈의 모양을 관찰하고 신체를 자유롭게 움직여 놀이한다.
• 눈과 손의 협응력을 기른다.</td></tr>
<tr><td>활동자료</td><td colspan="3">『겨울이 좋아! 토끼 베이커리』 그림책, 눈꽃 폼폼이, 모루</td></tr>
<tr><td>내용</td><td colspan="3">■ 『겨울이 좋아! 토끼 베이커리』 그림책을 제시해 준다.
– 추운 겨울에는 어떤 놀이를 할 수 있을까?
– 동화 속 다섯 마리 토끼들은 추운 겨울에 신나게 놀고 온 손님들에게 어떤 음식들을 만들어 주었니?
■ 겨울의 날씨에 대해 이야기한다.
■ 눈꽃 폼폼이를 제시해 주고 신체놀이를 한다.
■ 모루를 제시해 주고 모루에 눈꽃 폼폼이를 끼워 본다.
■ 눈꽃 폼폼이를 정리할 때는 빗자루를 제시해 주어 함께 정리해 본다.</td></tr>
<tr><td>활동 시 유의점</td><td colspan="3">• 눈꽃 폼폼이를 넉넉하게 준비한다.
• 모루의 끝부분을 정리하여 긁히지 않도록 한다.</td></tr>
<tr><td>활동사진</td><td colspan="3">
그림책 보며 겨울 날씨 알아보기

눈꽃 폼폼이로 신체놀이하기

모루에 폼폼이 끼우기

폼폼이 길게 만들기</td></tr>
</table>

2. 유아 그림책 놀이 활동 목록

1) 입이 똥꼬에게

놀이주제	나와 가족	문학감상 및 이해

미술

- 진흙으로 똥 만들기
- 나만의 변기 만들기
- 우리 교실 몸 속 만들기

신체

- 우리 몸에 붙은 포스트잇
- 똥 피하기 놀이

『입이 똥꼬에게』
박경효 글 · 그림. 비룡소. 2008

수

- 똥 패턴놀이
- 내 신체기관은 몇 개?

언어

- 고마운 신체기관에게 편지 쓰기
- 황금 똥 비법책

<table>
<tr><td>활동명</td><td>고마운 신체기관에게 편지 쓰기</td><td>문학감상 및 이해</td><td>우리 몸이 하는 일을 알고 소중함 느끼기</td></tr>
<tr><td>활동목표</td><td colspan="3">• 내 몸의 신체기관에 대해 안다.
• 신체기관에 대한 고마움을 글로 표현한다.</td></tr>
<tr><td>활동자료</td><td colspan="3">『입이 똥꼬에게』 그림책, 편지지, 연필, 지우개</td></tr>
<tr><td>내용</td><td colspan="3">■ 『입이 똥꼬에게』 그림책 표지를 탐색한 후 이야기 나눈다.
– 그림 표지에 무엇이 나왔니?
– 우리 친구들은 똥을 보면 어떤 생각이 드니?
■ 신체기관이 우리 몸에서 하는 일에 대해 이야기 나눈다.
– 입은 우리 몸에서 어떤 일을 할까?
– 눈은 우리 몸에서 어떤 일을 할까?
– 똥꼬는 우리 몸에서 어떤 일을 할까?
■ 신체기관이 없으면 어떤 점이 불편할지 이야기 나눈다.
– 입이 없으면 어떤 점이 불편할까?
– 눈이 없으면 어떤 점이 불편할까?
– 똥꼬가 없으면 어떤 점이 불편할까?
■ 우리 몸의 여러 신체기관 중 고마움을 표현할 수 있는 방법을 알아본다.
– 여러 가지 신체기관 중 가장 고마운 신체기관은 무엇이니?
■ 편지지에 신체기관에게 전하고 싶은 이야기를 쓴다.
■ 친구들에게 편지 내용을 소개한다.
■ 편지를 쓰고 난 후 느낀 점이나 자신의 생각을 자유롭게 이야기 나눈다.</td></tr>
<tr><td>활동 시 유의점</td><td colspan="3">• 글씨 쓰는 것을 어려워하는 유아에게는 문장카드를 제시한다.</td></tr>
<tr><td>활동사진</td><td colspan="3"> 

고마운 신체기관에게 편지 쓰기</td></tr>
</table>

<table>
<tr><td>활동명</td><td>내 신체기관은 몇 개?</td><td>문학경험 및 태도</td><td>신체기관이 하는 일과 신체기관 수 알아보기</td></tr>
<tr><td>활동목표</td><td colspan="3">• 신체기관의 수를 더한 합을 안다.</td></tr>
<tr><td>활동자료</td><td colspan="3">『입이 똥꼬에게』 그림책, 주사위, 점수판, 신체기관 그림</td></tr>
<tr><td>내용</td><td colspan="3">
■ 『입이 똥꼬에게』 그림책 내용을 회상하며 이야기 나눈다.
– 그림책에는 어떤 신체기관이 나왔니?
– 몇 가지 신체기관이 나왔니?
– 우리 몸에 딱 한 개만 있는 신체기관은 무엇일까?
■ 게임에 필요한 놀잇감을 탐색하고 놀이방법을 알아본다.
– 여기 어떤 것들이 있니?
– 이 주사위에 어떤 그림들이 그려져 있니?
[게임 방법]
① 팀을 나누어 한 명씩 나온다.
② 주사위 두 개를 던져 나온 신체기관의 수를 화이트보드에 적는다.
③ 화이트보드에 적은 수를 더해 본다.
④ 상대팀과 수를 비교해 보고 어느 팀의 수가 더 큰지 이야기해 본다.
■ 게임 방법에 따라 놀이를 해 본다.
■ 놀이를 하면서 느낀 점이나 자신의 생각을 자유롭게 이야기 나눈다.
– 신체기관 덧셈 놀이를 해 보았는데 어땠니?
– 더하기를 할 때 어려운 점이 있었니?
– 주사위로 어떤 놀이를 할 수 있을까?
※ 연계활동) 신체기관 뺄셈 놀이로 확장하여 놀이해 본다.
</td></tr>
<tr><td>활동 시 유의점</td><td colspan="3">• 더하기를 어려워하는 유아를 격려한다.
• 주사위를 던질 때 다른 친구와 부딪히지 않게 주의한다.</td></tr>
<tr><td>활동사진</td><td colspan="3">
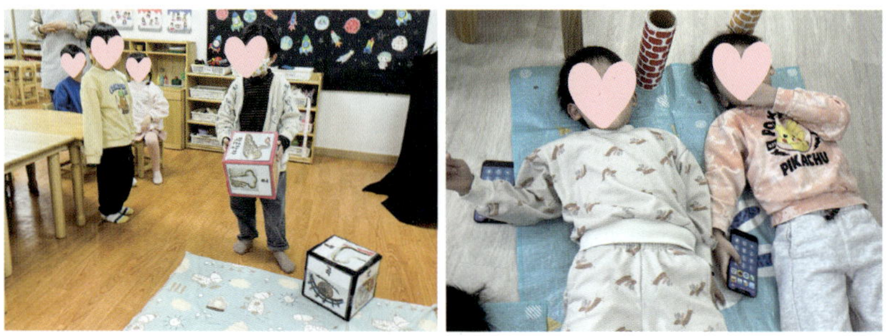

내 신체기관은 몇 개?
</td></tr>
</table>

2) 으라차차 라면 가게

놀이주제	우리 동네	문학경험 및 태도

미술

- 라면 가게 간판 만들기
- 나만의 라면 만들기
- 컵라면 디자인하기

신체

- 친구와 함께 라면을 옮겨요
- 라면 배달놀이
- 젓가락놀이

『으라차차 라면 가게』

구도 노리코 글·그림. 윤수정 역. 책읽는곰. 2002

수

- 내가 먹은 라면을 계산해요

언어

- 라면 가게 메뉴판 만들기
- 라면 가게 역할놀이
(손님/서버/요리사)

<table>
<tr><td>활동명</td><td>나만의 라면 만들기</td><td>문학경험 및 태도</td><td>새로운 라면을 판매하는 라면 가게 꾸미기</td></tr>
<tr><td>활동목표</td><td colspan="3">• 자신의 생각을 그림과 글로 표현한다.
• 나만의 라면을 생각하며 상상력을 기른다.
• 친구와 협동하여 라면 가게를 꾸미고 역할놀이를 한다.</td></tr>
<tr><td>활동자료</td><td colspan="3">『으라차차 라면 가게』 그림책, 흰 종이, 연필, 지우개, 다양한 색칠도구</td></tr>
<tr><td>내용</td><td colspan="3">■ 『으라차차 라면 가게』 그림책을 듣고 이야기 나눈다.
– 라면 가게에 어떤 손님이 찾아왔니?
– 할아버지가 라면 가게에서 돌을 꺼내자 어떤 일이 벌어졌니?
■ '내가 라면 가게를 차린다면' 어떤 라면을 만들고 싶은지 이야기 나눈다.
– 우리 친구들이 라면 가게를 차린다면 어떤 라면을 만들어 보고 싶니?
– 우리가 먹어 보지 못했던 라면을 생각해 보고 그림으로 그린 뒤 왜 이 라면을 만들고 싶었는지 이유도 써 볼까?
■ 친구들에게 내가 만든 라면을 소개한다.
■ 새롭게 개발한 라면을 팔 수 있는 가게를 유아들과 직접 꾸며 본다.</td></tr>
<tr><td>활동 시 유의점</td><td colspan="3">• 기존에 있는 라면이 아닌 새로운 라면을 만들 수 있도록 활동 전 이야기 나눈다.
• 자기 생각을 표현하기 어려워하는 유아에게는 충분한 시간을 제공하고 표현할 수 있도록 격려한다.</td></tr>
<tr><td>활동사진</td><td colspan="3"> 
내가 만든 라면

라면 가게(분식집) 역할극 놀이</td></tr>
</table>

<table>
<tr><td>활동명</td><td>친구와 함께 라면을 옮겨요</td><td>문학경험 및 태도</td><td>친구와 라면 옮기기 게임 해 보기</td></tr>
<tr><td>활동목표</td><td colspan="3">• 다양한 도구를 이용해 균형감각을 기른다.
• 친구와 함께 게임을 하면서 협동의 의미를 안다.</td></tr>
<tr><td>활동자료</td><td colspan="3">『으라차차 라면 가게』 그림책, 컵라면 용기, 지끈, 나무젓가락, 종, 화이트보드, 보드마카, 반환점(블록)</td></tr>
<tr><td>내용</td><td colspan="3">■ 라면 옮기기 게임 방법에 대해 이야기 나눈다.
– 라면은 어떻게 옮기면 좋을까?
– ○○이의 이야기처럼 젓가락으로 라면을 옮겨 보도록 하자.
– 또 어떤 방법으로 옮겨볼까? (예: 친구와 젓가락을 나누어 잡고 옮기기)
■ 게임 규칙에 대해 이야기 나눈다.
■ 팀을 나누고 팀명과 구호를 정한다.
■ 라면 옮기기 게임을 한다.
– 짝꿍과 젓가락으로 라면을 잡고 블록을 돌아 뒤에 있는 친구에게 전달해 보자.
■ 게임을 수정하여 라면 옮기기 게임을 한다.
– 게임을 하면서 바꿔 보고 싶은 부분이 있었니?
– 어떤 방법으로 옮겨 보면 좋을까?
– 이야기 나눈 대로 젓가락을 한 손으로 잡고 게임을 해 보자.
■ 게임 활동을 평가한다.
– 오늘 게임을 해 보니 어땠니?
– 라면 그릇과 젓가락은 역할놀이 바구니에 담아놓을 테니 게임을 더 하고 싶은 친구들은 놀이시간에 게임을 해 보도록 하자.</td></tr>
<tr><td>활동 시 유의점</td><td colspan="3">• 라면의 면이 떨어지거나 용기가 떨어지는 경우에는 멈춰서서 젓가락으로 그릇을 잡은 뒤에 다시 출발할 수 있도록 지도한다.
• 지고 이기는 것에 대해 속상해하지 않도록 활동 전에 이야기를 나눈다.</td></tr>
<tr><td>활동사진</td><td colspan="3">
친구와 함께 라면을 옮겨요</td></tr>
</table>

3) 나만의 박물관

놀이주제	우리 동네	문학감상 및 이해

역할

- 큐레이터가 되어 박물관 소개하기

언어

- 도슨트 QR코드

『나만의 박물관』

에마 루이스 글 · 그림. 조혜진 역. 책속물고기. 2018

실외활동

- 우리 동네 박물관을 가요
- 가을 열매 백과사전

미술

- 우리 반 박물관 만들기
- 굿즈 만들어 팔기

<table>
<tr><td>활동명</td><td>우리 반 박물관 만들기</td><td>문학감상 및 이해</td><td>박물관의 종류 및 역할 이해하기</td></tr>
<tr><td>활동목표</td><td colspan="3">• 박물관의 역할을 알고 필요한 물건들을 만들어 본다.</td></tr>
<tr><td>활동자료</td><td colspan="3">다양한 미술재료, OHP필름, 자석, 자연물, 목공풀</td></tr>
<tr><td>내용</td><td colspan="3">■ 『나만의 박물관』 그림책을 읽고 다양한 박물관의 종류에 대해 이야기 나눈다.
– 그림책에는 어떤 박물관들이 나왔니?
– 자연사 박물관은 무엇을 하는 곳이었니?
■ 내가 전시하고 싶은 작품을 이야기해 본다.
– 박물관에는 어떤 작품들이 전시되어 있니?
– 내가 전시하고 싶은 작품은 무엇이 있니?
■ 다양한 미술재료를 활용하여 작품을 자유롭게 만들어 본다.
– 내가 만들고 싶은 작품에 필요한 재료는 무엇이 있을까?
■ OHP필름으로 전시관을 구성해 보고 전시관에 필요한 물건들을 만든다.
■ 전시관을 구성하며 관람 에티켓 및 주의사항에 대해 규칙을 만들어 본다.
– 박물관에서 지켜야 할 약속에는 무엇이 있을까?
■ 완성한 작품 주제에 따라 전시관을 구분하여 우리 반 박물관 지도를 만들어 본다.
■ 우리 반 박물관에 관련된 기념품을 만들어 판매한다.
– 기념품 가게에서 보았던 것 중 기억에 남는 것은 무엇이 있니?</td></tr>
<tr><td>활동 시 유의점</td><td colspan="3">• 그동안 경험했던 박물관에 대해 회상하며 이야기를 나누어 본다.
• 다양한 박물관 사진을 보며 박물관의 구성을 알아본다.</td></tr>
<tr><td>활동사진</td><td colspan="2">
나만의 가을 미술관 만들기</td><td>
우리 반에 박물관이!</td></tr>
</table>

4) 아주아주 배고픈 애벌레

놀이주제	동식물과 자연	문학창작

음률

- 도토리 마라카스 만들기

신체

- 애벌레 풍선놀이

『아주아주 배고픈 애벌레』

에릭 칼 글 · 그림. 김세실 역. 시공주니어. 2022

감각·탐색

- 애벌레가 나비가 되었어요 (코인티슈)

미술

- 배고픈 애벌레 펠트 동화

활동명	애벌레가 나비가 되었어요	문학창작	코인티슈로 애벌레 만들어 동화 이야기 꾸며 보기
활동목표	• 소근육을 이용하여 스포이트를 이용해 볼 수 있다. • 코인티슈가 물감과 만나 색, 모양 등이 변화하는 모습을 탐색한다.		
활동자료	『아주아주 배고픈 애벌레』 그림책, 코인티슈, 물감, 스포이트		
내용	■ **『아주아주 배고픈 애벌레』 그림책을 듣고 이야기 나눈다.** – 배고픈 애벌레는 어떤 과일들을 먹었니? – 맛있는 과일들을 먹은 애벌레는 나중에 무엇이 되었니? ■ **코인티슈와 스포이트, 물감 등의 재료를 제공한다.** – ㅇㅇ가 들고 있는 게 뭘까? – 맞아! 이건 동그랗게 말아 놓은 티슈란다. ■ **스포이트를 이용해 코인티슈에 색깔물을 떨어뜨려 본다.** – ㅇㅇ가 들고 있는 파란색 스포이트를 코인티슈에 톡톡~ 해서 티슈에 떨어뜨리면 어떻게 될까? – 빨간색 스포이트를 티슈에 떨어뜨리니 어떻게 되었니? – 티슈에 알록달록 물이 들며 예쁜 애벌레가 되었구나. – ㅇㅇ도 스포이트 물감을 티슈에 떨어뜨려 볼까? ■ **유아가 티슈에 도장을 자유롭게 찍어 볼 수 있도록 돕는다.** – ㅇㅇ이는 노란색 물감을 떨어뜨리고 있네. ■ **만든 애벌레를 이용하여 동화의 이야기를 꾸며 본다.**		
활동사진	 코인티슈로 애벌레 만들기		

5) 아파, 아파! 아기 동물 병원

놀이주제	동식물과 자연	문학창작

미술

- 동물 병원 간판 만들기
- 엑스레이 그리기
- 약 만들기

역할

- 동물을 치료해요
  (수의사, 간호사, 보호자 등)

『아파, 아파! 아기 동물 병원』

소중애 글 · 그림. 함께자람. 2022

쌓기

- 동물 병원 구성하기

언어

- 동물 병원 차트 쓰기
- 동물이 아픈 곳 설명하기

<table>
<tr><td>활동명</td><td>동물을 치료해요</td><td>문학창작</td><td>동물 병원에 대해 이해하기</td></tr>
<tr><td>활동목표</td><td colspan="3">• 동물 병원이 하는 일을 안다.
• 동물을 사랑하는 태도를 가진다.</td></tr>
<tr><td>활동자료</td><td colspan="3">『아파, 아파! 아기 동물 병원』 그림책, 의사 옷, 간호사 옷, 진료 차트, 엑스레이 사진, 동물 인형, 작은 칠판, 보드마카, 책상</td></tr>
<tr><td>내용</td><td colspan="3">■ 동물 병원에 대해 이야기 나눈다.
– 동물 병원이 어떤 곳인지 아니?
– 동물 병원에는 어떤 동물들이 올까?
■ 유아들과 『아파, 아파! 아기 동물 병원』 그림책을 함께 읽는다.
– 아기 코끼리는 어디가 아팠니?
– 동물들은 왜 다쳤니?
■ 동물 병원 놀이를 하기 위한 역할 및 구성에 대해 이야기 나눈다.
– 우리 친구들이 아픈 동물을 치료해 주도록 동물 병원을 함께 만들어 볼까?
– 동물 병원 놀이를 할 때는 어떤 역할이 필요할까?
– 동물 병원은 어떻게 만들면 좋을까?
– 동물을 진찰할 수 있는 진찰실을 만들어 볼까?
– 아픈 동물들이 입원하는 곳은 어떻게 만들면 좋을까?
■ 동물 병원 놀이를 한다.
– 동물 병원 놀이를 하며 더 필요한 자료가 있는지 이야기 나눈다.
– 동물 놀이를 해 보았는데 더 필요한 것이 있을까?
– 동물 병원에서 엑스레이를 본 적이 있구나?
– 엑스레이 사진을 볼 수 있도록 라이트테이블 위에 사진을 올려놓고 보호자와 이야기 나누어 보자.</td></tr>
<tr><td>활동사진</td><td colspan="3">
동물을 돌봐 줘요
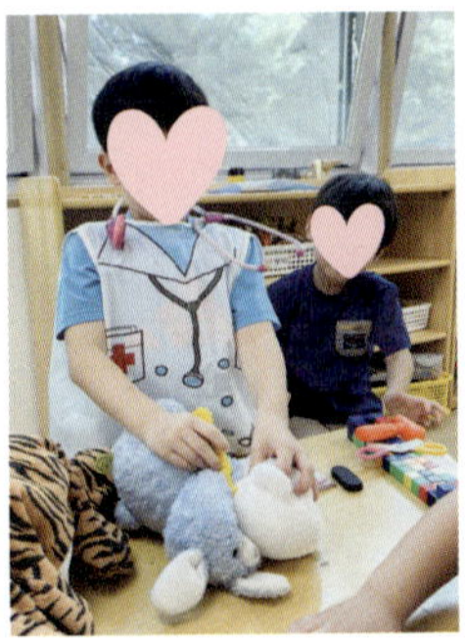
수의사가 되어
동물을 치료해요

엑스레이를 보며
보호자와 이야기 나눠요</td></tr>
</table>

6) 동물원

놀이주제	동식물과 자연	문학경험 및 태도

언어

- 동물들에게 편지 쓰기
- 동요 속 동물 흉내 내기

실외놀이

- 동물 술래잡기
- 산책하는 동물과 인사하기

『동물원』
앤서니 브라운 글·그림. 장미란 역. 논장. 2019

감각·탐색

- 동물 먹이 촉감 느껴 보기

쌓기

- 넓은 동물원 만들기
- 블록으로 동물원을 만들고 부수기

활동명	동물 술래잡기	문학창작	동물원에 갇힌 동물의 입장 생각하기
활동목표	• 동물들이 원래 살던 곳을 안다. • 생명의 소중함을 알고, 주변에서 볼 수 있는 동물을 사랑한다.		
활동자료	『동물원』 그림책, 동물 모자, 가면, 색종이, 부직포 어깨띠		
내용	■ **『동물원』 그림책을 보며 흥미를 느끼고 탐색한다.** – 가족들은 동물원에 가서 어떤 동물들을 보았니? – 그림책에 나온 호랑이는 어떤 행동을 하고 있었니? ■ **동물들이 그런 행동을 했던 이유와 동물들의 감정에 대해 이야기 나눈다.** – 동물원 속 동물들은 왜 무기력해 보였을까? – 우리 친구들은 동물원 속 친구들의 모습을 보며 어떤 느낌이 들었니? – 내가 만약 갇혀 있는 동물이라면 기분이 어땠을까? ■ **동물이 되어 자유롭게 뛰어 보는 놀이를 해 본다.** – (역할놀이 모자를 쓴 후) 우리가 대신 동물이 되어 마음껏 뛰어 볼까? ■ **동물이 될 순서를 정한 후, 동물술래잡기 놀이를 진행한다.** – 신나게 운동장을 뛰어 보니 어떤 마음이 드니? – 동물들도 동물원이 아닌 넓은 초원에서 뛰어논다면 마음이 어떨 것 같니? ■ **동물들이 원래 살던 곳에서 계속 살 수 있도록 캠페인을 진행한다.**		
활동사진	 우리가 동물이 되어 자유롭게 뛰어 보기 → 동물술래잡기(확장)  동물가면을 꾸미고 산책하며 '생명은 소중해' 캠페인하기		

7) 솔이의 추석 이야기

놀이주제	우리나라	문학감상 및 이해

수·조작

- 우리나라 전통 상차림이 있어요
- 전통놀이(산가지놀이, 딱지)

언어

- 민속놀이 단어 퍼즐 만들기
- 우리나라의 전통음식과 전통 상차림에 대해 알아요

『솔이의 추석 이야기』

이억배 글 · 그림. 길벗어린이. 1995

미술

- 전통문양 도장 만들기
- 딱지를 접어요

신체

- 한복 입고 장애물을 넘어요
- 강강술래

<table>
<tr><td>활동명</td><td>우리나라 전통 상차림이 있어요</td><td>문학감상 및 이해</td><td>추석에 하는 일과 먹는 음식 알기</td></tr>
<tr><td>활동목표</td><td colspan="3">• 우리나라 명절과 풍습을 알아본다.
• 명절에 하는 다양한 민속놀이와 음식에 관심을 가진다.</td></tr>
<tr><td>활동자료</td><td colspan="3">『솔이의 추석 이야기』 그림책, 전통놀이교구, 전통음식 모형, 뒤집개 등</td></tr>
<tr><td>내용</td><td colspan="3">■ 『솔이의 추석 이야기』 그림책 표지를 보며 이야기 나눈다.
– 그림책 표지에 사람들은 무엇을 하는 것 같니?
– 솔이는 추석 때 가족과 어떤 일을 하며 보냈을 것 같니?
■ 그림책을 읽고 우리나라 대 명절인 추석에 대해 알아보는 시간을 가진다.
– 우리 친구들도 추석에 보름달을 보면서 소원을 빌어 본 적이 있니?
– 추석에 어떤 음식을 먹었니?
– 추석에 했던 일 중 어떤 것이 가장 기억에 남았니?
■ 추석에 먹는 전통음식과 전통놀이, 한복 등에 대해 알아보며 이야기 나눈다.
■ 유아들과 추석에 즐겨 먹는 전통음식에 대해 알아보며 전(부침개)을 이용한 놀이를 해 본다.
■ 그림책에 나오는 전통놀이 중 유아들이 선호하는 딱지놀이를 해 본다.
■ 교실에 그림책을 비치하여 유아들이 자유롭게 독서할 수 있도록 한다.</td></tr>
<tr><td>활동사진</td><td colspan="3">
우리나라 전통놀이인 딱지를 접어요

전통 딱지 대회

전통음식 전을 만들어요</td></tr>
</table>

8) 세상에서 가장 행복한 100층 버스

놀이주제	교통기관	문학창작

음률

- 알록달록 컬러 버스
- 열 꼬마 버스(핑크퐁 동요)

신체

- 레이싱 경주를 해요
- 버스가 지나간 도로를 손가락으로 따라가요

『세상에서 가장 행복한 100층 버스』
마이크 스미스 글 · 그림. 노은정 역. 사파리. 2013

미술

- 나의 행복한 버스를 만들어요

언어

- 버스 퀴즈를 내고 맞춰요
- 버스의 층을 보고 어느 마을에 다녀왔는지 찾아봐요

<table>
<tr><td>활동명</td><td>나의 행복한 버스를 만들어요</td><td>문학창작</td><td>다양한 재료를 활용하여 버스를 만든 후 이야기 꾸미기</td></tr>
<tr><td>활동목표</td><td colspan="3">• 그림책에 나오는 행복한 버스를 다양한 재료로 표현한다.
• 크레파스와 색연필의 차이를 알고 크레파스의 특성에 관심을 가진다.</td></tr>
<tr><td>활동자료</td><td colspan="3">『세상에서 가장 행복한 100층 버스』 그림책, 우유갑, 크레파스, 색연필, 스티커, 빨대, 병뚜껑, 송곳, 나무꼬치, 이면지, 풀, 폼폼이, 글루건, 테이프, 미술판</td></tr>
<tr><td>내용</td><td colspan="3">■ 『세상에서 가장 행복한 100층 버스』 그림책을 회상하며 이야기 나눈다.
– 동화 속 버스기사 아저씨는 버스에 어떤 사람들을 태웠니?
– 왜 버스는 100층까지 높아졌니?
■ 행복한 버스를 꾸밀 수 있는 다양한 재료를 탐색한다.
– 책상 위에 어떤 재료들이 있니?
– 여기 있는 재료들을 활용해서 그림책에 나오는 버스를 만들어 보자.
■ 우유갑을 원하는 모양으로 자르거나 붙인다.
– 행복한 버스는 모두 신기한 모양이었단다. 어떤 버스들이 있었니?
– ○○이는 어떤 버스를 만들어 보고 싶니?
■ 버스를 꾸미기 전 이면지로 우유갑을 감싼다.
■ 크레파스와 스티커로 나의 행복한 버스를 꾸민다.
– 우리가 평소에 사용하던 색연필과 크레파스가 종이에 발리는 느낌과 우유갑에 발리는 느낌이 어떻게 다르니?
– 부드러운 느낌도 있고 미끄러운 느낌도 있구나. 색깔도 진하게 나오네.
■ 병뚜껑과 나무꼬치로로 만든 바퀴를 달아 준다.
■ 친구들이 만든 다양한 행복버스를 보며 이야기 나눈다.
– 서로 다른 재료를 재활용하니 멋진 버스로 변했구나.</td></tr>
<tr><td>활동 시 유의점</td><td colspan="3">• 유아들이 원하는 모양으로 우유갑을 잘라 준다.
• 송곳으로 병뚜껑에 구멍을 내어 나무꼬치를 끼우고 튀어나오는 나무 부분에 폼폼이를 글루건으로 붙여 유아들이 놀이할 때 다치지 않도록 한다.</td></tr>
<tr><td>활동사진</td><td colspan="3"> 
나의 행복한 버스를 만들어요</td></tr>
</table>

9) 송아지의 봄

놀이주제	봄, 여름, 가을, 겨울 (봄)	문학창작

음률

- 그림책 내용으로 게임판 만들기

신체

- 봄에 대한 느낌을 신체로 표현하기

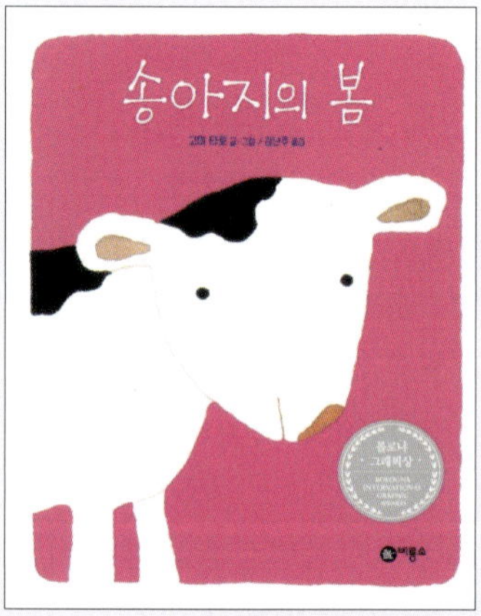

『송아지의 봄』
고미 타로 글 · 그림, 김난주 역, 비룡소, 2003

미술

- 봄이 되니 달라졌어요
- 봄의 꽃 관찰하기

언어

- 그림책 앞표지 보고 내용 상상하기
- 봄에 대한 느낌을 언어로 표현하기

활동명	그림책 앞표지 보고 내용 상상하기	문학창작	그림책 표지 보고 이야기 지어 보기
활동목표	• 그림책 앞표지 보고 내용 상상하기		
활동자료	『송아지 봄』 그림책, 색연필		
내용	■ **『송아지 봄』 그림책 표지를 보며 어떤 것이 나와 있는지 살펴본다.** – 이 그림책 앞표지에는 어떤 것들이 있는지 이야기해 보자. – 그림책 앞표지에는 어떤 그림이 있니? – 그 옆에 어떤 글씨가 쓰여 있니? ■ **그림책 앞표지를 살펴보며 동화 내용을 상상해 본다.** – 그림책 속에 누가 나올까? – 그림책 내용이 어떻게 될지 상상해서 이야기해 볼 수 있을까? ■ **유아들이 상상한 내용을 이야기로 꾸며 글과 그림으로 표현한다.** ■ **친구들 앞에서 내가 지은 그림책 내용을 소개한다.** ■ **작가가 지은 이야기는 어떤 내용인지 그림책을 읽어 본다.**		
활동사진	  『송아지의 봄』 그림책 표지를 보고 내용 상상하기   봄에 대한 느낌 이야기하기		

10) 매미 씨, 드디어 오늘 밤입니다

놀이주제	봄, 여름, 가을, 겨울 (여름)	문학감상 및 이해

음률

- 매미 박물관 에티켓 만들기
- 매미의 종류 알아보고 분류하기

신체

- 매미 및 곤충 채집하기
- 매미의 한살이
- 매미 애벌레 집 만들어 주기

『매미 씨, 드디어 오늘 밤입니다』

구도 노리코 글 · 그림. 유지은 역. 천개의바람. 2022

미술

- 곤충 동물 병원 역할놀이

언어

- 장애를 가진 매미를 위한 이동수단 만들기

<table>
<tr><td>활동명</td><td>매미의 한살이</td><td>문학감상 및 이해</td><td>매미의 성장과정 이해하기</td></tr>
<tr><td>활동목표</td><td colspan="3">• 여름에 볼 수 있는 곤충에 대해 안다.
• 매미의 성장과정에 관심을 갖고 관찰하며 놀이한다.</td></tr>
<tr><td>활동자료</td><td colspan="3">『매미 씨, 드디어 오늘 밤입니다』 그림책, 곤충 모형, 수집채, 채집통</td></tr>
<tr><td>내용</td><td colspan="3">■ 실외활동을 나갔다가 나무에 매달린 매미의 모습에 유아들이 관심을 갖는다.
– 매미는 어떻게 생겼니?
– 나무에 매미가 어떻게 붙어 있니?
– 매미는 어떤 소리가 났니?
■ 유아들과 『매미 씨, 드디어 오늘 밤입니다』 그림책을 함께 읽는다.
– 매미는 어떻게 성장했니?
– 매미 씨가 깊은 잠에서 깨어나는 날 곤충 친구들은 매미 씨를 축하해 주기 위해 어떤 것들을 해 주었니?
■ 종이로 매미를 접어 매미 박물관을 만들어 본다.
■ 매미 박물관의 곤충과 모형 곤충을 이용하여 상황극을 꾸민 후, 날개를 다친 매미를 위해 병원놀이를 한다(진료실, 수술실, 약국 등 구분).</td></tr>
<tr><td>활동사진</td><td colspan="3">
곤충 채집을 해요

매미 박물관을 소개해요

곤충 동물 병원 놀이

날개를 다친 매미를 위한 케이블카</td></tr>
</table>

11) 오늘은 수영장일까?

놀이주제	봄, 여름, 가을, 겨울 (여름)	문학감상 및 이해

음률

- 준비 운동 하기
- 워터슬라이드 타기
- 서핑썰매 타기

신체

- 수영장 꾸미기
- 서핑장 꾸미기
- 해변가 꾸미기

『오늘은 수영장일까?』
토모 미우라 글·그림. 김시아 역. 위즈덤하우스. 2022

미술

- 수영물품 대여소 놀이
- 수영장 놀이 / 서핑 놀이
- 식당 놀이

언어

- 메뉴판 만들기
- 메뉴판 읽고 주문하기

<table>
<tr><td>활동명</td><td>수영장 놀이 / 서핑 놀이</td><td>문학감상 및 이해</td><td>수영장에서 할 수 있는 다양한 놀이 경험하기</td></tr>
<tr><td>활동목표</td><td colspan="3">• 수영장에서 할 수 있는 놀이에 대해 안다.
• 수영장 안전규칙을 알고 지킨다.</td></tr>
<tr><td>활동자료</td><td colspan="3">『오늘은 수영장일까?』 그림책, 파란 비닐, 매트, 미끄럼틀, 수영복, 구명조끼, 튜브, 미끄럼 조심 안내판, 파라솔, 의자, 서핑썰매</td></tr>
<tr><td>내용</td><td colspan="3">■ 『오늘은 수영장일까?』 그림책 내용을 회상하며 이야기 나눈다.
– 그림책을 보고 무슨 놀이를 하고 싶었니?
■ 수영장을 어떻게 구성할지 이야기 나눈 후, 수영장 놀이를 한다.
– 수영장을 어떻게 만들면 좋을까?
– 수영장에 갈 때는 어떤 물건이 필요하니?
– 수영장에 들어가기 전에 준비 운동 먼저 하자.
■ 추가하고 싶은 놀잇감이 있는지 이야기 나눈다.
– 수영장 놀이에 더 추가하고 싶은 놀잇감이 있니?
– 바다에서도 놀이하고 싶은 친구가 있네. 바다놀이인 서핑도 타 보자.
■ 서핑 놀이에 필요한 놀잇감은 무엇이 있는지 이야기 나눈다.
– 서핑 놀이를 할 때 어떤 놀잇감이 필요할까?
– 서핑보드를 만들기 위해 필요한 것을 살펴보자.
■ 유아들과 함께 서핑 놀이를 한다.
– 끌어주는 친구와 타는 친구도 번갈아 가면서 놀이해 보자.</td></tr>
<tr><td>활동사진</td><td colspan="3">
수영복을 대여해요

워터슬라이드를 타요

해변가 식당에서 휴식해요

친구와 함께 서핑보드를 타요</td></tr>
</table>

12) 모모모모모

놀이주제	봄, 여름, 가을, 겨울 (가을)	문학경험 및 태도

언어
- 벼가 자라는 모습

신체
- 벼 수확하기 게임활동

『모모모모모』
밤코 글·그림. 향. 2022

감각·탐색
- 벼 직접 수확하기
- 벼 탈곡하기

미술
- 허수아비 꾸미기

활동명	허수아비 꾸미기	문학감상 및 이해	벼를 수확하는 과정 이해하기
활동목표	• 벼를 수확하는 과정에 대해 안다. • 협동하여 허수아비를 꾸며볼 수 있다.		
활동자료	『모모모모모』 그림책, 허수아비 그림, 여러 가지 종이, 벼 모형, 장애물		
내용	■ **『모모모모모』 그림책을 듣고 벼가 쌀이 되는 과정에 대해 이야기 나눈다.** – 우리가 먹는 쌀은 어떻게 온 것일까? – 벼의 껍질을 벗기는 방법은 무엇이었니? ■ **논을 지키는 허수아비에 대해 알아본다.** – 논 또는 밭에 허수아비를 세워 두는 이유는 무엇일까? – 농부가 열심히 키운 벼를 동물들이 밟아 놓거나 먹는다면 어떤 마음이 들까? ■ **여러 가지 재료를 이용해 허수아비를 꾸며 본다.** – 농부가 열심히 키운 벼를 보호해 주는 허수아비를 멋지게 꾸며 주자. ■ **농부가 되어 직접 벼를 수확해 보는 체험을 해 본다.** – 우리도 직접 농부가 되어 벼를 수확해 보자. ■ **벼를 수확한 뒤 껍질을 까서 모 안에 있는 쌀알을 관찰한다.** ■ **쌀이 나오는 과정을 다시 한번 회상하며, 힘들게 수확한 쌀로 만든 밥을 남기지 않고 먹기로 약속한다.**		

활동사진

벼 수확하기 게임활동

허수아비 꾸미기 놀이

마당에 있는 벼 수확하기

벼 탈곡하기

13) 도토리 팬티

놀이주제	봄, 여름, 가을, 겨울 (가을)	문학창작

언어

- 「데굴데굴 도토리」 노래 부르기
- 도토리 마라카스 연주하기

신체

- 청설모처럼 폴짝폴짝
- 털실 굴리기 놀이

『도토리 팬티』

다카하시 노조미 글 · 그림. 이루리 역. 북극곰. 2019

감각·탐색

- 수만큼 도토리 주워 담기
- 색종이로 도토리 접기
- 도토리 액세서리 만들기

미술

- '도토리 팬티' 인형극 놀이

<table>
<tr><td>활동명</td><td>'도토리 팬티' 인형극 놀이</td><td>문학창작</td><td>막대 인형을 이용한 인형극 놀이</td></tr>
<tr><td>활동목표</td><td colspan="3">• 가을에 나는 열매에 대해 관심을 가진다.
• 『도토리 팬티』 그림책 감상 후 친구와 함께 인형극 놀이를 해 본다.</td></tr>
<tr><td>활동자료</td><td colspan="3">『도토리 팬티』 그림책, 막대 인형, 극놀이 대본</td></tr>
<tr><td>내용</td><td colspan="3">■ 교사가 들려주는 '도토리 팬티' 막대 인형극을 관람한다.
■ 동화 속 장면의 막대 인형을 소개해 본다.
– 동화 속에는 누가 나왔니?
– 청설모 말고 어떤 등장인물이 있었을까?
– 청설모는 어떻게 도토리를 도와주었을까?
■ 극 대본을 보고 친구와 자유롭게 동화의 내용을 꾸며 본다.
■ 막대 인형을 이용하여 '도토리 팬티' 인형극 놀이를 한다.
– 누가 청설모를 해 볼까?
– 털실은 어디에 담으면 좋을까?
– 여러 개의 도토리가 나오는 장면은 어떻게 하면 좋을까?</td></tr>
<tr><td>활동 시 유의점</td><td colspan="3">극놀이를 하기 전 그림책의 대화나 내용을 충분히 알고 놀이한다.</td></tr>
<tr><td>활동사진</td><td colspan="3">
'도토리 팬티' 인형극 듣기

'도토리 팬티' 인형극 놀이</td></tr>
</table>

14) 하늘하늘 사락사락

놀이주제	봄, 여름, 가을, 겨울 (겨울)	문학경험 및 태도

언어

- 「눈 굴려서」 노래 개사하여 불러 보기

신체

- 눈놀이(눈썰매, 눈싸움) 하기
- 실내에서 하는 눈놀이

『하늘하늘 사락사락』

게일 기번스 글 · 그림. 김지현 역. 엔이키즈. 2016

감각·탐색

- 눈 내리는 스노우볼 만들기

미술

- 겨울용품 글자를 찾아라

<table>
<tr><td>활동명</td><td>눈놀이(눈썰매, 눈싸움)하기</td><td>문학감상 및 이해</td><td>겨울에 눈이 내리는 이유 이해하기</td></tr>
<tr><td>활동목표</td><td colspan="3">• 겨울에 하는 눈놀이를 실내 실외에서 다양하게 접해 본다.</td></tr>
<tr><td>활동자료</td><td colspan="3">방한용품, 눈놀이 매트, 눈썰매, 페트병 뚜껑, 다리미</td></tr>
<tr><td>내용</td><td colspan="3">■ 눈이 내리는 날 유아들과 실외에서 눈을 탐색해 보며 눈을 이용한 놀이(눈썰매, 눈사람 만들기)를 한다.
– 오늘 하얀 눈이 내려서 눈이 많이 쌓여 있네.
– 돋보기를 이용해서 눈을 탐색해 볼까?
– 우리 친구들은 눈을 이용해 어떤 놀이를 하고 싶니?
– 친구와 협동하여 눈썰매를 끌고 타 볼까?
– 눈을 굴려 무엇을 만들어 볼까?
■ 『하늘하늘 사락사락』 그림책을 함께 읽어 본다.
– 추운 겨울에 눈이 내리는 이유는 무엇일까?
– 동화를 들으며 겨울에 왜 눈이 내리는지 궁금한 부분을 알아보자.
■ 실내에서 눈 결정체 백업을 가지고 눈이 내리는 모습을 표현해 본다.
– 하얀 눈이 내리는 모습을 함께 표현해 보자.</td></tr>
<tr><td>활동사진</td><td colspan="3">
눈 결정체 백업으로 눈 표현하기

눈썰매 타기

눈사람 만들기

페트병 뚜껑 눈사람 만들기</td></tr>
</table>

15) 겨울이 왔어요

놀이주제	봄, 여름, 가을, 겨울 (겨울)	문학경험 및 태도

언어

- 다양한 겨울 옷이 있어요
- 겨울철 놀이 단어 퍼즐

신체

- 눈사람을 만들어요
- 겨울 풍경을 감상하며 산책해요

『겨울이 왔어요』
찰스 기냐 글 · 애그 자트코우스카 그림. 초록색연필 역. 키즈엠. 2012

감각·탐색

- 빙어 낚시를 해요
- 눈썰매, 스케이트를 타요

미술

- 빙어 낚시장 구성하기
- 스케이트장, 눈썰매장 구성하기

<table>
<tr><th>활동명</th><td>빙어 낚시장 구성하기</td><th>문학감상 및 이해</th><td>겨울의 경험과 추억 이야기 나누기</td></tr>
<tr><th>활동목표</th><td colspan="3">• 겨울이라는 계절의 특성을 알아본다.
• 겨울에만 할 수 있는 놀이를 해 본다.</td></tr>
<tr><th>활동자료</th><td colspan="3">『겨울이 왔어요』 그림책, 빙어, 낚시터, 화로, 겨울 간식, 모형 지폐</td></tr>
<tr><th>내용</th><td colspan="3">■ 오늘 날씨와 계절에 대해 알아본다.
– 오늘 원에 왔을 때 날씨가 어땠니?
– 겨울이 왔다는 걸 어떻게 느낄 수 있었니?
■ 『겨울이 왔어요』 그림책을 함께 읽어 보며 겨울 날씨의 특징을 알아본다.
– 동화 속 친구는 겨울에 어떤 옷을 입었니?
– 할머니는 겨울을 맞이하며 무엇을 만드셨니?
■ 겨울에 할 수 있는 놀이와 겨울 간식에 대해 알아보며 이야기 나눈다.
– 겨울에 할 수 있는 놀이는 어떤 것들이 있을까?
– 우리 친구들은 겨울이 오면 어떤 음식을 먹고 싶니?
■ 유아들과 빙어낚시장을 구성하여 겨울낚시를 하는 모습을 표현하며 놀이한다.
– 겨울낚시를 해 본 적이 있니? 겨울낚시놀이를 하기 위해 무엇이 필요할까?
– 낚시로 잡은 빙어는 어떻게 하면 좋을까?</td></tr>
<tr><th>활동사진</th><td colspan="3">
빙어 낚시 놀이를 해요

겨울 간식이 있어요</td></tr>
</table>

16) 산타 할아버지

놀이주제	봄, 여름, 가을, 겨울 (겨울)	문학경험 및 태도

언어

• 크리스마스트리 꾸미기

신체

• 크리스마스 선물 배달 게임

『산타 할아버지』

레이먼드 브릭스 글 · 그림. 박상희 역. 비룡소. 1995

감각·탐색

• 크리스마스 선물 수 세기

미술

• 루돌프와 산타 할아버지가 되어 선물 배달하기

<table>
<tr><td>활동명</td><td>루돌프와 산타 할아버지가 되어 선물 배달하기</td><td>문학감상 및 이해</td><td>크리스마스에 사람들이 하는 일 알아보기</td></tr>
<tr><td>활동목표</td><td colspan="3">• 산타가 되어 선물 배달놀이를 해 본다.
• 또래와 함께하는 역할놀이를 즐긴다.</td></tr>
<tr><td>활동자료</td><td colspan="3">『산타 할아버지』 그림책, 크리스마스 꾸미기 재료, 산타 소품, 루돌프 머리띠</td></tr>
<tr><td>내용</td><td colspan="3">■ 『산타 할아버지』 그림책을 감상한 후 이야기 나눈다.
■ 다양한 재료를 활용해 크리스마스트리를 꾸며 본다.
– 산타 할아버지는 언제 오실까?
– 크리스마스트리를 꾸미면 산타 할아버지가 우리 반에 올 거야.
– 커다란 양말 주머니와 반짝이는 줄을 달아 볼까?
■ 산타, 루돌프 역할을 정해 본다.
– 산타 할아버지는 어떤 모습일까? 산타 할아버지는 무슨 색 옷을 입었니?
– 산타 할아버지처럼 수염도 붙여 볼까?
– 썰매를 끄는 루돌프 역할은 누가 하면 좋을까?
■ 산타 할아버지가 되어 선물을 배달하는 놀이를 해 본다.
– 어떤 친구들에게 선물을 주고 싶니?
– 어디로 먼저 배달을 갈까? 종이에 선물 배달할 곳을 그려 보자.
– 선물이 많은데 어디에 담을까?
– 선물을 가득 담은 썰매를 끌고 ○○이 집으로 가 볼까?
– 여기 블록을 놓아서 산타와 루돌프가 가는 길을 만들어 보자.</td></tr>
<tr><td>활동사진</td><td colspan="3">
크리스마스트리 꾸미기

선물을 배달할 지도 그리기

루돌프가 되어 썰매 끌기

루돌프와 산타가 되어 선물 배달하기</td></tr>
</table>

17) 그림자 하나

놀이주제	환경과 생활 (빛)	문학경험 및 태도

언어

- 동물 그림자 만들기

신체

- 손으로 다양한 모양의 그림자 만들어 보기

『그림자 하나』

채승연 글 · 그림. 반달. 2018

감각·탐색

- 그림자놀이

미술

- 그림자 인형극

<table>
<tr><td rowspan="2">활동명</td><td rowspan="2">그림자놀이</td><td>문학감상 및 이해</td><td>그림자에 대해 이해하기</td></tr>
<tr><td>문학창작</td><td>새로운 그림자 모양 만들어 이야기 창작하기</td></tr>
<tr><td>활동목표</td><td colspan="3">• 빛으로 인해 그림자가 생김을 알고 탐색해 본다.
• 빛과 손, 다양한 도구를 활용해 그림자를 만들어 본다.</td></tr>
<tr><td>활동자료</td><td colspan="3">『그림자 하나』 그림책, 손전등, 라이트테이블, 셀로판지 막대 인형</td></tr>
<tr><td>내용</td><td colspan="3">■ 『그림자 하나』 그림책을 보고 회상해 본다.
– 동화 속에 어떤 동물 친구들이 나왔니?
– 기다란 그림자가 작아졌을 때 동물 친구들은 어떻게 했니?
■ 그림자를 본 경험에 대해 이야기 나눈다.
– 그림자를 본 적이 있니?
– 그림자는 왜 생기는 것일까?
■ 형태에 따라 그림자가 달라짐을 알고 그림자놀이에 필요한 재료를 알아본다.
– 그림자놀이를 하기 위해서는 어떤 재료들이 필요할까?
– 이 재료에 빛을 비춘다면 그림자는 어디에 생길 것 같니?
■ 빛이 나오는 도구에 대해 알아보고, 손이나 신체를 이용하여 다양한 모양의 그림자를 만든 후 이야기를 창작해 본다. (실외 → 해, 실내 → 빛)
■ 라이트테이블을 활용하여 확장놀이를 할 수 있다. 이때 셀로판지를 활용하여 라이트테이블 위에서 색 변화를 알아본다.</td></tr>
<tr><td>활동사진</td><td colspan="3">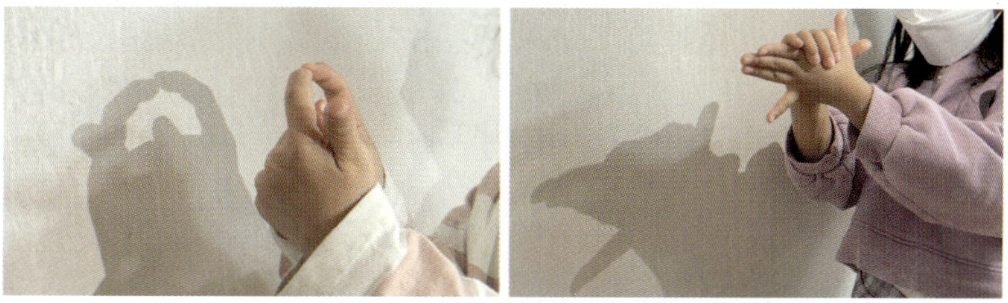
손으로 다양한 모양의 그림자 만들어 보기

라이트테이블을 이용한 그림자놀이</td></tr>
</table>

18) 마녀 위니와 우주 토끼

놀이주제	환경과 생활 (우주)	문학창작

미술

- 우주선 만들기
- 우주 계기판 만들기

언어

- 만약 내가 우주에 간다면?
- 우주여행 때 필요해요

『마녀 위니와 우주 토끼』

밸러리 토머스 글 · 코키 폴 그림. 노은정 역. 비룡소. 2010

감각·탐색

- 우주선을 타고 가요
- 달 탐사선 만들기

미술

- 태양계에 대해 알아보기
- 우주에는 어떤 비밀이?

<table>
<tr><td>활동명</td><td>우주선 만들기</td><td>문학창작</td><td>나만의 새로운 우주선 만들어 이야기 창작하기</td></tr>
<tr><td>활동목표</td><td colspan="3">• 우주의 특성이나 태양계에 대해 안다.</td></tr>
<tr><td>활동자료</td><td colspan="3">『마녀 위니와 우주 토끼』 그림책, 아스테이지, 매직, 상자, 다양한 블록 등</td></tr>
<tr><td>내용</td><td colspan="3">■ 『마녀 위니와 우주 토끼』 그림책을 읽고 이야기 나눈다.
– 마녀 위니는 로켓을 타고 우주에 가서 누구를 만났니?
– 우리 친구들은 우주에 간다면 어떤 여행을 하고 싶니?
■ 영상을 보며 태양계에 대한 이야기를 나눈다.
■ 상자를 이용해 우주선을 만들고, 우리나라를 알릴 수 있는 태극기와 우주선 밖에서도 숨을 쉴 수 있도록 호스를 연결한다.
■ 우주선 계기판을 만들고 어떻게 우주여행을 하면 좋을지 이야기 나눈다.
■ 십자블록을 이용하여 달 탐사선을 만들고 지구인의 생활과 다른 우주인의 생활을 몸으로 표현해 본다.</td></tr>
<tr><td>활동사진</td><td colspan="3">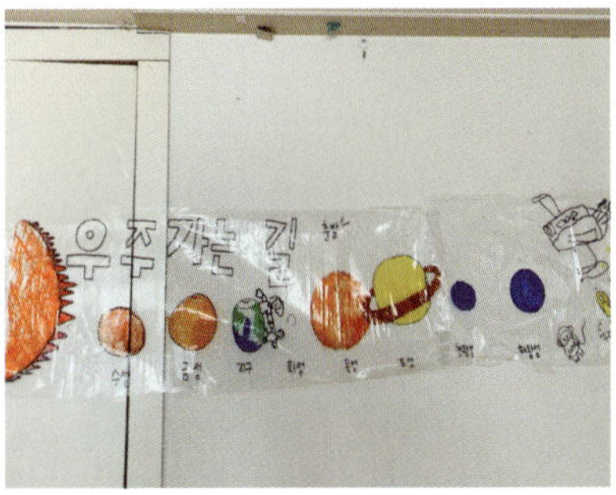
우주 가는 길을 알아 봐요

우주선을 만들어요

우주선 계기판을 만들어요

달 탐사선이 도착했어요</td></tr>
</table>

참고문헌

강성화 · 김경희(2003). 유아문학교육: 이론과 실제. 서울: 동문사.

강인언 · 김영숙(2004). 유아문학교육. 서울: 양서원.

강연홍(2007). 그림책을 통한 동작활동이 유아의 창의적 신체표현 및 다중지능에 미치는 영향. 광주여자대학교 교육학과 석사학위논문

강재희 · 길효정 · 장민영(2021). 유아문학교육. 고양: 공동체.

곽아정 · 이문정 · 이현숙 · 조경자(2023). 유아문학교육. 서울: 학지사.

고문숙 · 임영심 · 김수향 · 손혜숙(2007). 아동문학교육. 파주: 양서원.

고문숙(1999). 유아를 위한 문학교육. 파주: 정민사.

고선옥 · 국은순 · 신리행 · 백연희(2021). 아동문학교육. 서울 학지사.

김보은(2020). 한국어 쓰기 교육을 위한 그림책 활용 방안 연구. 인문사회21, 11(6), 2203-2212.

김세희(2004). 유아문학교육. 파주: 양서원.

김숙이 · 손수빈 · 고선옥 · 김경선(2018). 아동문학교육. 파주: 정민사.

김유진 김미숙 권정윤(2019). 인성 관련 그림책 읽기 과정에서 나타난 유아의 반응: 문학적 및 인성 덕목을 중심으로. 유아교육연구, 39(4), 115-145.

김정규 · 정남미 · 임미숙 · 한애향(2000). 문학적 접근에 의한 통합적 유아교육 프로그램. 서울: 정민사.

김정민(2009). 동화를 활용한 후속이야기 짓기 활동이 유아의 이야기 구성능력 및 어휘력에 미치는 영향. 전남대학교 대학원 석사학위논문.

김정원 · 남규 · 최성진 · 최소린(2023). 유아사회교육. 서울: 창지사.

김정원 · 전선옥 · 이현규(2023). 유아문학교육(제2판). 서울: 학지사.

김재숙(2002). 독자 반응이론에 의한 동시 지도가 유아의 동시 감상 및 짓기에 미치는 영향. 덕성여자대학교 대학원. 박사학위논문.

김현희 · 박상희(2016). 유아문학 이론과 적용(이론과 적용)(제2판). 서울: 학지사.

김혜옥(2009). 그림책 활동이 유아의 언어 및 언어 창의성에 미치는 효과에 관한 메타분석. 경희대학교 대학원 박사학위논문.

마쓰이 다다시(2012). 이상금 역. 어린이와 그림책. 서울: 샘터.

박선희 · 김현의(2009). 유아문학. 서울: 한국방송통신대학교.

사공채(2007). 글 없는 그림책을 활용한 이야기 꾸미기 활동이 유아의 창의성에 미치는 효과. 상주대학교 산업대학원 석사학위논문.

서정숙 · 김정원(2008). **유아문학교육 프로그램**. 서울: 창지사.

서정숙 · 남규(2005). 그림책 중심의 문학교육 프로그램이 유아의 문학적 능력과 흥미에 미치는 영향. **유아교육연구**, 26(6), 103-127.

서정숙 · 남규(2005). **유아문학교육**. 서울: 창지사.

석용원(1982). **동화구연의 이론과 실제**. 서울: 백록출판사.

심성경 · 이선경 · 김경의 · 허은주(2021). **유아문학교육의 이론과 실제**. 서울: 학지사.

오경미(1997). 소리내어 읽기 활동이 유아의 읽기 흥미와 능력에 미치는 영향. 이화여자대학교 교육대학원 석사학위논문.

오복환(2005). 그림책 읽어 주기 활동에서 교사의 질문 유무가 유아의 이야기 꾸미기 능력에 미치는 영향. 한국교원대학교 교육대학원 석사학위논문.

오연주(2007). **유치원교육과정연계 종일제 프로그램**. 서울: 창지사.

이두현(1998). 동화에 대한 교사의 질문유형이 유아의 이야기 꾸미기에 미치는 영향. 이화여자대학교 대학원 석사학위논문.

정남미(2006). 유아문학교육 프로그램. 2006년도 동계 유아교사 연수 자료집, 35-53. 서울: 숭의여자대학교 부설 유아교육연구소.

전현희 · 김정준(2019). 국내 온라인 서점과 그림책 웹사이트에서 추천하는 영아 그림책의 목록과 특징. **한국유아교육연구**, 21(2), 29-52.

조선희(2003). **철학적 탐구 공동체 활동을 활용한 유아 생각 키우기**. 서울: 창지사.

조성순(2019) 한국그림책 발달과정 연구: 삽화에서 그림책으로 변화과정 중심으로. 인하대학교 일반대학원 박사학위논문.

조정옥 · 이달석(2002). 총체적 언어접근의 저널 쓰기가 유아의 쓰기능력과 흥미도에 미치는 효과. **교과교육연구**, 23(2), 1-33.

채종옥 · 이경화 · 김소양(2016). **아동문학**. 고양: 공동체.

한유미 · 김혜선 · 권희경 · 양연숙 · 박수진(2006). **영유아 언어교육의 이해**. 서울: 학지사.

황미해(2007). 문학반응 활성화를 위한 그림책 읽기 교수 학습 방안 연구. 한국교원대학교 교육대학원 석사학위논문.

황은순 · 김현경 · 이보영 · 오미경 · 이지영(2015). **유아문학교육**(제2판). 고양: 공동체.

현은자 · 강은진 · 변윤진 · 심향분(2004). **그림책의 그림 읽기**. 서울: 마루.

Bromley, K. D.(1996). *Webbing with literature: Creating story maps with children's books*. Boston, MA: Allyn & Bacon.

Glazer,J.I. (1997). *Introduction chidren's literature*. Prentice Hall.

Hiebert, E. H.(1981). Developmental patterns and interrelationships of preschool children's print awareness, *Reading Research Quarteriy*, *16*, 236-260.

Lewis, M.(2000). The emergence of human emotions, In M. Lewis & J. Haviland-Jones(Eds.), *Handbook and Development*, *15*(4), 443-452.

Mason, J.(1980). When do children begin to read? An exploration of four-year-old do children's letter and word reading competencies. *Reading Research Quarterly*, *15*, 203-227.

Maria Nikolajeva & Carole Scott(2011). **그림책을 보는 눈**. (서정숙 · 고선주 · 송정 · 오연주 · 이송은 · 강순미 공역). 서울: 마루벌.

Purves, A. C. & Monson, D. L.(1984). *Experiencing children's literature*, Glenview, ILL: Scott, Foresman and Co.

Russell, D. L. (2005). *Literature for children: A short introduction*(5th ed.). Boston, MA: Allyn & Bacon, Pearson Education, Inc.

Sutherland,Z. (1997). *Chidren & books*. Addision-Wesley Educational Publishers Inc.

서울경제 2023.12.11. https://www.sedaily.com/NewsView/29YGZ1358O

오디오 클립 [오디오 동화] https://audioclip.naver.com

유림책방 [그림책 수업] 여름이 온다. https://blog.naver.com/lyl0920/223132823814

주니어 네이버 [영상동화] https://jr.naver.com/story

저자소개

오연주

이화여자대학교 교육학과 학령전교육 전공(학사)
이화여자대학교 교육대학원(석사)
경희대학교 대학원 아동학과(박사)
현) 대림대학교 유아교육과 교수
　　안양시 건강가정다문화가족센터장

[논문]

- 다문화가족 산모용 모바일 앱 기반 그림책 활용 태교 프로그램의 개발 및 효과
- 그림책에 담긴 태교 내용에 대한 연구
- 우리나라 그림책의 미국판 번역 비교 연구
- 우리나라 그림책의 일본어판 번역 연구

[저서]

- 태아 · 영아와 함께하는 엄마 배 속에서 듣고 품 속에서 듣는 그림책(창지사)
- 미술치료: 유아를 위한 심리정서적 접근(창지사)
- 유아중심 놀이지도(창지사)
- 영유아 미술놀이교육(창지사)
- 2~4세 영아를 위한 125가지 뇌발달 놀이(다음세대)
- 1~2세 영아를 위한 125가지 뇌발달 놀이(다음세대)
- 그림책을 보는 눈(마루벌)
- 세계 그림책의 역사(학지사)

최정화

교육학 및 유아교육과 전공(학사)
한국성서대학교 보육대학원(석사)
성결대학교 대학원 교육학과(박사)
현) 동남보건대학교 유아교육과 강사
　　세움 교육연구소 대표

[저서]

- 유아중심 놀이지도(창지사)
- 아동관찰 및 행동연구(창지사)
- 영유아교육기관에서의 부모상담(동문사)
- 새로운 시대 보육학개론(동문사)
- 유아사회교육(정민사)

유아문학교육

초 판 1쇄 인쇄 2024년 6월 14일
초 판 1쇄 발행 2024년 6월 19일

지 은 이 | 오연주 · 최정화
펴 낸 이 | 김기섭
편 집 인 | 이혜란
펴 낸 곳 | 창지사 www.changjisa.com
08589 서울시 금천구 가산디지털 1로 83 파트너스타워 1차 9층
전화 (02)719-2211~3
팩스 (02)701-9386
등 록 | 1977년 4월 28일 · 제1-421호

ISBN 978-89-426-1886-6 (93370)

값 25,000원